Né en 1993, cycliste professionnel et diplômé d'un master en philosophie, ***Guillaume Martin*** *s'est classé 8ᵉ du classement général du Tour de France en 2021. Il est l'auteur d'une pièce de théâtre,* Platon vs. Platoche, *mise en scène par la compagnie du Théâtre de la Boderie.* Socrate à vélo *est son premier livre.*

SOCRATE À VÉLO

Du même auteur

La société du peloton, Philosophie de l'individu dans le groupe, Grasset, 2021

Socrate à vélo, Grasset, 2019, 2020

MON POCHE
14 avenue des Droits de l'Homme – 45000 Orléans

GUILLAUME MARTIN

SOCRATE À VÉLO

LE TOUR DE FRANCE DES PHILOSOPHES

MONPOCHE

I

En route vers le Tour

Une nouvelle inattendue

Notre histoire commence à Olympie, un 10 décembre, lors d'un rassemblement de l'équipe nationale grecque de cyclisme, deux mois environ avant le début de la saison. Les premières courses sont encore loin ; pour autant, chaque coureur est déjà particulièrement investi, accumulant les heures de selle sans rechigner, s'appliquant à construire un groupe soudé, capable de rivaliser avec la force collective des plus grandes écuries du peloton. C'est qu'une montagne attend les Hellènes : l'été prochain, pour la première fois de leur histoire, ils prendront le départ du Tour de France.

Jamais ces athlètes n'avaient imaginé pouvoir participer à la plus grande course cycliste au monde. Habituellement, ils évoluent sur un circuit de seconde zone, disputent des épreuves peu médiatisées et au niveau aléatoire en Europe de l'Est ou en Asie. Le Tour, ils le suivent à distance, *via* les journaux ou leurs tablettes. C'est pour eux un astre éloigné, inaccessible, réservé aux grands coureurs, aux champions.

Seulement voilà, cette année, les organisateurs du Tour ont modifié leurs critères de sélection. Pour asseoir l'envergure internationale de l'épreuve, et la rendre moins dépendante des intérêts financiers, ils ont décidé d'en finir avec les équipes de marque et d'en revenir aux formations nationales. La fédération grecque a bondi sur l'occasion et envoyé une demande d'invitation.

À la grande surprise de tous les suiveurs, et des Grecs eux-mêmes, celle-ci fut acceptée.

Il faut dire que leur dossier de candidature était particulièrement bien ficelé. Il rappelait que la Grèce était le berceau du sport moderne. Il mettait en avant le potentiel du pays à fin de développement du cyclisme sur de nouveaux territoires : parcours variés, météo idéale, paysages magnifiques… Il promettait une équipe ambitieuse et surmotivée.

Surtout, les organisateurs furent particulièrement influencés par le style dans lequel était rédigé le dossier. Les phrases étaient non seulement bien construites, mais les arguments eux-mêmes s'enchaînaient selon une logique parfaite ; tant et si bien que, dès la lecture du dossier achevée, l'invitation de l'équipe grecque ne pouvait apparaître que comme une évidence.

Le plus étonnant, c'est que les coureurs disaient avoir rédigé le document eux-mêmes ! Assurément, cela prouvait leur implication, ainsi que leur intelligence. Comment des athlètes peuvent-ils trouver le temps et prendre le recul nécessaire pour écrire pareil texte de présentation ? Tout cela était intrigant ; d'autant que la plupart, en plus d'être cyclistes, se disaient philosophes. Décidément, ces Grecs étaient des originaux. Ils méritaient d'être mieux connus.

Sitôt l'invitation de la Grèce officialisée, les médias jetèrent donc leur dévolu sur cette petite équipe, ayant eu vent de la particularité de ses membres. Les coups de fil et les demandes d'interviews s'enchaînaient. Tout le monde voulait *son* reportage. Pour simplifier les choses et ne pas se disperser, on décida d'organiser une conférence de presse à l'occasion de ce fameux stage de pré-saison.

Des journalistes de tous pays et de tous médias se retrouvèrent donc, début décembre, à Olympie.

La rencontre, prévue à dix-sept heures, est sur le point de commencer. La salle de réunion de l'hôtel Le Domaine des dieux a été aménagée pour l'occasion : une table et trois chaises, vides pour l'instant, ont été installées sur une petite estrade, face au parterre de journalistes. Quelques touristes curieux sont également présents. Aux murs, deux maillots aux couleurs azur des Hellènes côtoient les affiches présentant le parcours du prochain Tour.

À l'heure convenue, les trois figures emblématiques de l'équipe grecque font leur entrée dans la pièce. On retrouve en tête Socrate, le front légèrement dégarni, l'œil malicieux, signes de son expérience. Plusieurs fois vainqueur de la Ronde des Carpates et du Tour du Péloponnèse, Socrate est le leader incontesté de sa formation. Il est suivi de son fidèle lieutenant, le musculeux Platon, ancien lutteur reconverti au cyclisme, et qui sera d'une aide précieuse à Socrate quand il faudra « bouffer du vent » dans la plaine. Enfin se présente Aristote, un jeune aux dents longues, mais au sens tactique déjà particulièrement fin. Il s'est fait connaître l'année passée au Tour de Macédoine, où il profita du marquage entre les principaux favoris pour remporter une étape de prestige.

La perspective de passer la fin d'après-midi au crible des questions des journalistes n'enchante pas particulièrement Socrate. Il a roulé cinq heures en début de journée, et six heures sont programmées pour le lendemain. Il préférerait être au massage plutôt que se prêter au jeu des interviews. Pour autant, il n'a pas le choix : quand on participe au Tour, être médiatisé fait partie du job. Et puis, ce point presse hivernal n'est certainement rien en comparaison de ce qui attend les coureurs grecs en juillet.

Mais pourquoi diable ces journalistes sont-ils venus si nombreux ?

Le coureur et son dossard

« L'homme est à inventer chaque jour. »
SARTRE

Sans toujours l'assumer, les gens considèrent généralement les sportifs comme des personnes un peu stupides. Ces athlètes font cependant rêver, ils font rayonner leur pays ou leur club : alors leur balourdise est pardonnée. On rigole un peu du footballeur qui parvient difficilement à aligner trois mots lors d'une interview ; et, en même temps, on ne demande pas à un joueur d'être un rhéteur de génie, pourvu qu'il soit adroit de ses pieds. Peu importe la tête, du moment que l'on ait les jambes. Finalement, tout se passe comme si la question de l'intelligence d'un sportif était volontairement passée sous silence.

Cela ne me choque pas que l'on fasse semblant d'ignorer ce que les athlètes ont dans leur tête. Je trouve cela au contraire plutôt sensé et juste, car le sport – quoi que l'on en dise – est avant tout affaire de corps.

Ce qui me choque en revanche, c'est que l'on s'étonne qu'un sportif puisse être intelligent ; que l'on trouve incongru qu'un cycliste écoute France Culture ; ou que l'on mette en valeur un athlète uniquement parce qu'il a fait des études… Tout cela m'offusque, car l'idée sous-jacente est qu'un sportif *ne peut pas* être capable de réfléchir. Ce n'est pas dans ses attributions. Ce qu'il doit pouvoir faire, c'est courir, sauter, lancer, pédaler… L'homme des stades serait une sorte de machine animée, experte en son domaine, et indifférente à tous les autres aspects de l'existence. Au fond, on oublie que le sportif est aussi un être humain, et que sa vie ne se résume pas à son dossard.

Si les gens s'étonnent, s'amusent et se délectent d'un cycliste également philosophe, c'est que dans leurs représentations un cycliste n'existe pas autrement qu'en cuissard. De même qu'au bistrot on ne considère le garçon de café que relativement à sa fonction, et non comme personne, de même il est presque inconcevable qu'un coureur puisse être autre chose qu'un corps sur un vélo. Pis encore, le fait qu'un cycliste ait une autre passion que son métier apparaît parfois comme un signe d'amateurisme. Comme si la pratique sportive de haut niveau excluait toute autre activité.

Et pourtant, il faut bien vivre une fois descendu du vélo. Comme n'importe quel autre corps de métier, le cyclisme est tout naturellement constitué d'une grande diversité de profils, chaque coureur – comme chaque être humain – ayant sa particularité. Je connais des cyclistes cinéphiles, ou passionnés d'art contemporain… D'autres qui travaillent tous les jours à la ferme après l'entraînement, par loisir et par goût. Certains aiment les belles voitures bruyantes, certains les calmes atmosphères de campagne. Pêcheur, hipster, rockeur : il faut de tout pour faire un peloton !

Bien sûr des déterminants sociaux entrent en jeu, et sans doute y a-t-il plus de fils d'agriculteurs que de fils de cadres supérieurs dans la grande famille du vélo. Je ne cache pas que l'on y trouve également des personnes sans intérêt. Et aussi, comme partout, des cons : la connerie étant, comme on le sait, la chose au monde la mieux partagée.

Tout de même, ma petite expérience me fait dire qu'il y a dans le cyclisme un nombre incroyable de personnes et de trajectoires qui ne demandent qu'à être connues. Le problème est que l'on ne cherche généralement pas à les découvrir, les mêmes histoires étant inlassablement reprises…

Lors du Tour de France 2017, le premier auquel je participais, les médias se sont pas mal intéressés à la mienne, d'histoire. Quelques jours avant le départ de Düsseldorf, un journaliste de *Libération*, Pierre Carrey – que je connais depuis mes années amateur et avec qui j'entretiens des liens d'amitié –, a dressé mon portrait : Guillaume Martin, cycliste professionnel et diplômé d'un master en philosophie, auteur de pièces de théâtre à ses heures perdues. L'article – « Martin, le Nietzsche dans le guidon » – était très bon. Je n'ai rien à redire sur ce portrait. Je l'ai apprécié. J'ai même été assez impressionné par le savoir philosophique dont faisait preuve l'auteur, et par la justesse avec laquelle il avait su me saisir.

Seulement voilà : le papier a par la suite été présenté dans quelques revues de presse, j'ai été interviewé lors d'une matinale radio, d'autres journalistes ont souhaité m'appeler pour « faire un papier », puis d'autres encore… Bref, un petit emballement médiatique s'est enclenché, autour de la figure du « cycliste intello ».

Quelques jours auparavant, j'avais entendu parler d'une étude scientifique qui quantifiait la part d'originalité dans les médias. Les conclusions étaient frappantes : soixante-quatre pour cent des articles en ligne se révélaient être du copié-collé pur et simple. Tous les médias se reprennent les uns les autres, expliquaient les chercheurs. Il suffit qu'une information apparaisse dans un journal ou sur un site reconnu pour qu'elle soit diffusée partout. J'étais en plein dedans.

Conférence de presse à Olympie

À peine les coureurs installés, la conférence commence. Après qu'un premier journaliste a demandé, presque par politesse, comment se déroulait la préparation, un deuxième enchaîne :

— Qu'est-ce que cela fait de se dire qu'on va participer à son premier Tour de France, la course qui fait rêver tous les cyclistes ?

— À mon âge, et au vu de mon parcours, c'était inespéré, répond sobrement Socrate.

— À mon âge, c'est prometteur, assure Aristote.

Platon quant à lui, toujours dans la juste mesure, explique qu'à son âge, c'est le bon moment. Et il ajoute :

— Pour beaucoup de gens, le cyclisme se résume au Tour de France. Le grand public ne sait pas qu'il y a d'autres courses au calendrier ! Voyez-vous, je dirige sur mon temps libre un centre de cyclisme, une sorte d'académie ayant pour but d'aider et de faire progresser les jeunes cyclistes issus de pays – Grèce ou autre – qui n'ont pas forcément la culture du vélo. Les jeunes me demandent souvent si j'ai déjà participé au Tour. Je leur réponds que oui, j'ai déjà fait le Tour du Péloponnèse plusieurs fois. Ils s'esclaffent alors en me disant que ce n'est pas ça, le *Tour.* Le Tour, ça se passe en France… Je suis donc très heureux de pouvoir bientôt répondre aux jeunes coureurs de l'académie que, oui, j'ai participé au Tour, au vrai !

— Je me rappelle ce que me disait un de mes premiers directeurs sportifs, Anaxagore, se permet d'ajouter Socrate pendant que les journalistes notent l'anecdote de Platon. Après une victoire, pour que jamais je ne me repose sur mes couronnes de laurier, Anaxagore me répétait toujours : « Reste calme, tu ne seras pas un vrai coureur tant que tu n'auras pas disputé le Tour de France. » Passé juillet, enfin je pourrai dire que je suis un vrai coureur !

Les journalistes ont tous le sourire aux lèvres. Ces coureurs grecs leur plaisent. Ils détonnent dans le milieu. Ils feront à coup sûr de très bons papiers.

Après deux ou trois questions, vite expédiées, à propos des ambitions de l'équipe grecque sur ce premier Tour, un jeune reporter plein d'aplomb aborde enfin le sujet que tous ont en tête :

— J'ai entendu dire que vous étiez philosophes. Je sais bien que nous sommes en Grèce, mais avouez que c'est original, des cyclistes-philosophes, ou des philosophes-cyclistes. Comment doit-on vous appeler d'ailleurs ? Des « cyclosophes » ?

Le journaliste semble fier de sa trouvaille linguistique. Il parade devant ses confrères.

— Il est vrai que nous nous intéressons à la philosophie, que nous réfléchissons à la manière dont les choses sont ordonnées, répond froidement Socrate. Mais nous sommes cyclistes avant tout. Aussi appelez-nous Platon, Aristote, Socrate, coureurs cyclistes – nous n'aurons rien à redire.

— Vous êtes trop modestes, vous faites comme si cela n'était rien d'associer vie de sportif de haut niveau et pratique de la philosophie. Ce n'est pas rien ! insiste le reporter, un peu douché par la réponse qui lui a été faite.

— À ce propos, abonde un autre journaliste, quand trouvez-vous le temps de philosopher ? Vous arrive-t-il de penser sur le vélo ?

Socrate semble un peu décontenancé par la tournure que prend l'interview. Il est en train de découvrir que les gens portent sur lui un regard nouveau depuis que la liste des équipes invitées au Tour a été annoncée, un regard où se mêlent fascination et incompréhension.

N'ayant cure du parterre qui attend sa réponse, Socrate s'interroge. La philosophie n'est pas une activité pour laquelle « on trouve le temps », se dit-il… Penser ne se décrète pas. La philosophie surgit. C'est un art de vivre, un mode de pensée plus qu'un contenu de pensée. Pourquoi ce mode de pensée serait-il inconciliable avec une vie de cycliste ?

Voyant Socrate perdu dans ses réflexions, Aristote prend le relais :

— Bien sûr qu'il nous arrive de penser sur le vélo ! Il n'y a pas d'heure ni de lieu pour penser. La pensée irrigue toutes choses. Je dirais même plus : le vélo aide à penser. Flaubert disait qu'« on ne peut penser qu'assis ». Nietzsche s'opposait à lui en affirmant que « seules les pensées que l'on a en marchant valent quelque chose ». Eh bien le vélo réconcilie Nietzsche et Flaubert en réunissant leurs deux conditions : nous sommes à la fois assis et en marche quand on pédale ! Alors pour faire de la philo, faites du vélo !

Les journalistes, un peu perplexes face aux références choisies, notent tout de même la *punchline* finale, tandis que Platon semble vouloir marquer une opposition :

— Je ne serais pas aussi enthousiaste que toi, Aristote. Il est vrai qu'il peut nous arriver de laisser notre esprit divaguer sur le vélo, laissant advenir quelques intuitions philosophiques. Mais tout de même, de manière générale, il est difficile de se concentrer et de poursuivre une argumentation logique, construite et raisonnée, quand on s'entraîne. Les exercices corporels obscurcissent nécessairement l'activité intellectuelle.

— Mon cher Platon, je sais bien que le corps n'est pour toi qu'une cage, qu'un « tombeau », dans lequel est enfermé l'esprit, s'échauffe Aristote. Je sais bien que tu ne considères le sensible que comme un pâle reflet de l'intelligible. Je sais bien que tu confères au sport une place congrue dans ton existence, que tu pratiques le cyclisme en dilettante. Libre à toi. Mais sache que si tu ne veux pas aller au Tour, il y a beaucoup de jeunes coureurs qui eux rêvent d'y être. Il n'y a pas si longtemps, j'étais encore en section sport-études au lycée. Je peux te dire que nous philosophions tous en roulant. Nous nous plaisions d'ailleurs à nous qualifier de « philosophes péripatéticiens », les philosophes *qui se promènent*. Notre réflexion s'enrichissait de notre pratique sportive. Si nous bloquions sur un concept, nous allions pédaler, et tout était limpide à notre retour. Et réciproquement, les études nous permettaient de relativiser, de prendre un peu de recul par rapport à nos performances sportives. J'ai encore de nombreux amis au lycée qui partagent cette philosophie, une philosophie tournée vers l'action. Si tu crains que le fait de participer au Tour n'entrave ta brillante carrière intellectuelle, je peux glisser un mot à Socrate à leur propos. Ils seront ravis de l'entourer en juillet prochain…

— Ne dis pas n'importe quoi, Aristote, réplique Platon, un peu inquiet pour sa place. Je veux évidemment aller au Tour, pour seconder Socrate. J'aime mon sport. Et je l'aime précisément parce qu'il me permet de mieux penser, en ce sens que la fatigue physique induite par l'entraînement fait taire les basses aspirations de ce corps parfois si embarrassant. Mon intellect est alors libre d'évoluer à sa guise. Vous comprenez, n'est-ce pas ?

Les journalistes, soudainement pris à partie, acquiescent poliment. Ils n'ont pas vraiment tout compris, voire ont carrément décroché, mais peu importe : ils ont leur sujet. Cette capacité réflexive sur leur sport, cet art du dialogue (parfois éruptif), cette manière qu'ont les Grecs de s'exprimer au travers de belles phrases alambiquées – tout cela fera assurément le buzz. Il suffit d'une bonne mise en scène.

Trois journalistes posent encore quelques questions, pour compléter ce qu'ils ont en tête. Ils demandent quels sont les livres que comptent apporter les coureurs pour occuper leurs temps morts pendant le Tour, ils interrogent l'utilité de la philosophie d'un point de vue stratégique en course… Aristote et Platon répondent tour à tour, s'ignorant l'un l'autre.

Pendant tout ce temps, Socrate est resté muet, comme s'il n'était plus là. D'ailleurs tout le monde semble l'avoir un peu oublié.

Aristote et Platon sont habitués. Ils savent que Socrate peut connaître de telles absences, s'interrompre en plein milieu d'une explication, s'éclipser tout à coup... Il dit que c'est « son démon » qui l'appelle. Quant aux journalistes, ils sont trop occupés par l'échange entre Aristote et Platon pour se soucier du troisième coureur.

Toutefois, alors que la conférence est sur le point de se terminer et que chacun commence à ranger ses affaires, Socrate émet un petit toussotement et, d'un air espiègle, interroge l'assemblée :

— Pensez-vous que nous serons capables de rivaliser avec les meilleurs mondiaux sur le Tour ?

Les journalistes, d'abord surpris, se contentent d'arborer un sourire entendu. Là n'est pas le problème, c'est déjà beau que cette équipe grecque venue de nulle part puisse participer à la plus grande course cycliste au monde ! Les deux autres coureurs hellènes présents paraissent eux-mêmes un peu étonnés par l'intervention de Socrate. Mais ce dernier ne se départ pas de son sourire et, calmement, faisant fi des regards interdits de ses deux coéquipiers, renouvelle sa question :

— Mes amis, pensez-vous que nous serons capables de rivaliser avec les meilleurs mondiaux sur le Tour ?

Socrate, en philosophe, n'aime pas répondre aux questions. Il n'a pas l'habitude. En revanche, il aime les poser.

Socrate, en tant que cycliste, n'aime pas être résumé à sa double casquette de coureur-philosophe. Il veut être jugé pour ses performances.

Il a décidé de redoubler sa préparation en vue du Tour, afin d'être au niveau des grands leaders du peloton en juillet...

Pourquoi j'écris ce livre

« Il faut jouer pour devenir sérieux. »
ARISTOTE

Je ne me plains pas. J'ai profité de cette exposition soudaine, de ce petit « buzz » qui s'est créé autour de moi lors de mon premier Tour. Cela a aidé à me faire connaître. Sans doute ai-je même parfois un peu surjoué ce personnage du cycliste-philosophe. J'y ai pris plaisir, *a fortiori* quand je côtoyais certaines grandes « plumes », auréolées de toutes les histoires auxquelles elles avaient assisté.

Tout ce jeu m'a amusé, mais il m'a aussi assez vite ennuyé. Je me suis rendu compte que *certains* journalistes voulaient (ou devaient) simplement refaire ce premier article paru dans *Libération*. On me posait toujours à peu de chose près les mêmes questions, celles-là mêmes sur lesquelles Pierre Carrey m'avait précédemment interrogé : « à quoi penses-tu sur le vélo ? » ; « que t'apporte la philosophie dans ton métier de cycliste ? » ; « quels livres as-tu apportés sur le Tour ? » ; « as-tu le temps de lire après les étapes ? » ; etc.

Je comprends que le quotidien du coureur et son ressenti puissent fasciner. Le problème était que la plupart des réponses étaient déjà écrites dans l'article originel, auquel se référaient d'ailleurs explicitement les journalistes qui m'interviewaient. Pensaient-ils que j'allais répondre différemment ? Parmi les trois livres que j'avais apportés, je pouvais certes mettre l'un spécifiquement en avant plutôt que l'autre, selon mon envie ou selon le journaliste avec lequel je me trouvais. Mais dans l'ensemble, je tenais toujours à peu près les mêmes propos. Parfois avec les mêmes mots.

On décrit souvent le cycliste sur son vélo comme une machine : en vérité, la comparaison devrait valoir quand le coureur fait face aux caméras et aux micros. Face au journalisme à la chaîne, impossible en effet de ne pas tomber dans une forme d'automatisme : telle question déclenche telle réponse, selon un algorithme personnel développé au fil des interviews. Auparavant, il m'arrivait de me moquer de ces acteurs qui répètent inlassablement les mêmes anecdotes, lors des tournées de promotion précédant la sortie d'un film. Je les comprends mieux désormais. Le jeu médiatique impose sur la durée le plat, l'insignifiant, l'artificiel, l'impersonnel.

Je disais cependant avoir profité de l'exposition médiatique suscitée par le Tour. En particulier, elle m'a permis d'entrer en contact avec les éditions Grasset, par l'intermédiaire de Philippe Brunel, figure du journal *L'Équipe*, lui-même auteur chez Grasset. Dès le lendemain de l'arrivée sur les Champs-Élysées, j'avais rendez-vous au siège historique de la maison d'édition, où l'on me proposait d'écrire un livre, en m'assurant d'une vraie liberté tant sur le fond que sur la forme. J'acceptai assez rapidement. Je voyais là précisément l'occasion de sortir de cette logique mécanique, algorithmique des interviews, et de m'exprimer avec un peu plus de nuance et de relief.

Pourquoi ce livre ? Avant tout pour questionner la manière dont le grand public perçoit les sportifs, et les cyclistes en particulier. Une perception qui me semble trop souvent outrancière et parcellaire.

En cause : toute cette mise en scène entourant aujourd'hui les événements sportifs, et qui leur donne parfois des allures de grande foire dont nous, athlètes, coureurs, serions l'attraction principale. Ce qui, encore une fois, a des bons côtés – être le centre de toutes les attentions est évidemment valorisant –, mais également de moins bons : l'effervescence accompagnant les coureurs pendant le Tour, la « grande messe de juillet », donne parfois le sentiment de n'être rien de plus qu'un objet à vendre, jugé selon un nombre restreint de propriétés.

Jiménez réalise une longue échappée en montagne ? C'est un coureur de panache. Ocaña tombe malencontreusement dans un lacet en dévers ? C'est un mauvais descendeur. Fignon porte des lunettes ? C'est l'intello du peloton. Poulidor est souvent battu par Anquetil ? C'est « l'éternel second ». Sur le Tour, et dans le sport en général, on adore catégoriser, étiqueter, généraliser.

Il est en un sens normal que les sportifs soient caricaturés, puisqu'ils sont exposés. Ce qu'il y a de retors, c'est que nombre de sportifs se conforment, parfois inconsciemment, à l'étiquette qu'on leur a associée – en une sorte de prophétie autoréalisatrice vicieuse. Pour assumer son statut d'attaquant, Jiménez devra éternellement reproduire cette échappée au long cours, même si elle est vouée à l'échec. Fignon devra prendre des airs d'intellectuel. Ocaña, en manque de confiance, sera mal à l'aise en descente. Et Poupou échouera effectivement toujours à revêtir le maillot jaune. L'opinion se voit ainsi confirmée dans ses représentations orientées.

Et chacun se retrouve finalement à porter un masque, cachant le réel, dévoilant l'illusoire, sans que l'on sache jamais vraiment où se trouve l'authentique.

Que cela soit clair : j'accepte que tout cela soit un jeu – la course cycliste en elle-même, le battage médiatique qui l'entoure, le public qui assiste à cette grande fête… –, à condition que les règles en soient connues de tous. Je veux bien être ausculté comme une bête de foire, mais *en connaissance de cause*. Les généralisations et les clichés détiennent une part de vérité : pour cela, je ne les rejette pas en bloc. Mais il faut reconnaître qu'elles ne sont que partiellement vérité.

Quand on dit de telle personne : « elle est ceci ou cela », il faut pouvoir reconnaître que cette caractérisation n'est qu'une façon de parler. Cet « être » que nous attribuons n'est qu'une facilité de langage. Car, contrairement aux choses, l'humain n'est pas, il *a à être*. Son identité est toujours floue, instable, changeante. On ne peut parler d'*être* authentiquement qu'une fois la mort advenue. On ne naît pas cycliste ou philosophe, ou cycliste-philosophe ; on le devient.

Ce préalable étant admis, il devient possible de s'amuser avec les identités. Il devient possible de jouer au cycliste-philosophe. Il devient possible de jongler avec les généralisations, les réifications, les clichés. Quelque chose en ressortira nécessairement : une vérité, une question, un éclaircissement, un moment de drôlerie…

Certains lecteurs auront reconnu quelques évocations des pensées de Sartre, ou de Simone de Beauvoir, dans ces premières pages. De fait, il sera question de philosophie tout au long de ce livre. Mais que ceux qui ne connaissent rien à cette discipline parfois obscure ne prennent pas peur. Que ceux qui croient que Sartre est un coureur cycliste ne se sentent pas rejetés. La philosophie, en dépit des airs austères qu'elle se donne souvent, est elle aussi une forme de jeu. Et ce livre tout autant.

Aucun vainqueur ne croit au hasard

Jeudi 26 janvier, sept heures et demie. Le début du Tour de France est dans plus de six mois. Le cycliste se lève, prêt à effectuer sa dernière séance d'intensité avant de « faire du jus » jusqu'au dimanche suivant, date du départ de la première épreuve de la saison, le Grand Prix des Deux Clochers.

Au réveil, les jambes piquent un peu. Normal, le cycliste a bien « tapé dedans » la veille, lors d'une sortie derrière scooter particulièrement corsée. Mais il ne doit pas trop s'écouter : il lui faut encore réaliser ce dernier entraînement difficile, sur la fatigue, et ensuite il pourra dérouler jusqu'au Prix d'Ouverture, en espérant que le phénomène de surcompensation fonctionne comme prévu. Il est important de bien entamer sa saison. Question de dynamique.

Après s'être redressé sur son lit, lentement pour éviter un vertige (les cyclistes sont facilement sujets à l'hypotension), l'athlète se pèse (soixante et un kilos deux cents : affûté comme jamais) ; il étudie ses jambes (la veine est saillante, c'est bon signe) ; puis comme d'habitude il s'en va ouvrir les volets, afin d'analyser la météo du jour. *Scheiße !* Pluie, vent : une tempête terrible. En catastrophe, il ouvre l'application météo sur son portable : déluge toute la journée. Ce n'était pas ce qui était annoncé la veille. Toujours aussi fiable…

Rouler ou ne pas rouler ? Telle est la question. Il serait certainement plus sage de ne pas sortir. Avec ces rafales de vent, une chute est vite arrivée. Et puis il ne faudrait pas risquer de tomber malade juste avant le début de la saison. Quand on est aussi sec, l'humidité nous gagne rapidement : on a le rhume facile…

Cela étant, à la date du jour, sur le plan d'entraînement, il y avait écrit « séance intensité » ; et notre cycliste, il met un point d'honneur à toujours respecter le plan d'entraînement. Il se dit que sa volonté est sa plus grande qualité. Il se dit que, pendant que ses adversaires dormiront encore ou resteront au chaud sur leur canapé, lui s'entraînera dehors, dans les bourrasques et le froid. Il se dit que ses souffrances d'aujourd'hui seront ses succès de demain !

Un violent coup de vent fait trembler les murs. Finalement, il est sans doute plus sage de s'entraîner en intérieur... Au moins dans un premier temps, en attendant une éventuelle éclaircie.

Pour commencer, à jeun, avant même le petit-déjeuner, le cycliste improvise donc quarante minutes de réveil musculaire, à faible intensité, sur *home-trainer.*

Le principe du *home-trainer* est simple : le vélo est fixé à une machine, composée d'un rouleau que viendra toucher la roue arrière, de sorte à simuler une sortie sur bitume. Avantage : on peut rester au chaud et s'entraîner dans son sous-sol. Inconvénient : faire du vélo avec pour seule perspective la porte du garage peut vite devenir lassant... Très lassant.

Il y a plusieurs solutions classiques pour pallier l'ennui :

a) Regarder un film en simultané ou, encore mieux, une série qui dure aussi longtemps que la séance, quarante minutes ici. Le problème est que l'on perd généralement quarante minutes à installer l'ordinateur de sorte à bien voir... Et quand le réglage de l'écran est optimal, on se rend compte que l'on n'entend rien à cause du bruit du rouleau.

Les coureurs préfèrent donc souvent la deuxième solution :

b) Écouter de la musique au moyen d'un casque audio couvrant le son du *home-trainer*, relié à un bon vieux MP3 placé dans la poche et sur lequel on aura préalablement importé sa playlist favorite spéciale *home-trainer.*

Notre cycliste ne dispose pas de MP3, mais il s'en va tout guilleret chercher celui de sa petite sœur. Il s'installe sur la machine et, tout en pédalant nonchalamment, fait défiler la liste des titres enregistrés sur l'appareil. Quel n'est pas son désarroi quand il découvre que les goûts de sa petite sœur sont aux antipodes des siens ! Katy Perry, Matt Pokora, Justin Bieber, Kendji... Non, ce n'est vraiment pas possible. La journée s'annonce déjà assez difficile en soi. Le cycliste préférerait encore s'ennuyer et souffrir en silence.

Et puis, de toute façon, ce cycliste n'est pas un cycliste comme les autres. Lui, c'est un... vélosophe ! Et ce qu'il préfère, c'est la dernière option :

c) Écouter France Culture ! Tout guilleret, il se met en quête de la bonne fréquence sur son MP3 : NRJ, non ; Fun Radio, non ; Nostalgie, pourquoi pas... mais non. Ah, voilà France Culture. Ça fonctionne ! Le journal de huit heures se termine. C'est l'heure du billet politique de Frédéric Says. Aujourd'hui il est question du nouveau plan énergétique annoncé par le gouvernement. On y discute de ce projet ambitieux : développer l'autoconsommation des ménages, en installant par exemple un *home-trainer* en face de chaque télévision nouvellement achetée. Le double objectif de cette mesure est d'obtenir une nouvelle source d'énergie, gratuite, et de lutter contre le surpoids dans le pays. Notre cycliste se sent concerné, et se met à regretter toute la puissance gaspillée quand il pédale...

C'est ensuite l'heure de l'invité des « Matins de France Culture ». Le ministre des Transports est interrogé, au sujet d'un projet de loi visant à interdire l'utilisation de véhicules polluants sur des trajets de moins de quinze kilomètres, afin de promouvoir le développement de modes de déplacement « doux » – notamment le vélo. Décidément, la petite reine est à l'honneur ce matin.

Bref, la séance de *home-trainer* à jeun passe en un éclair. Le cycliste tourne les cannes gentiment, sans forcer, en déroulant, accompagné de la voix chaleureuse de Guillaume Erner, le présentateur de la matinale. Et voilà déjà que la barre des quarante minutes est atteinte.

L'effort physique avait anesthésié la sensation de faim, mais à présent cette dernière se fait ardemment sentir. À peine le temps de se changer et de prendre une douche éclair, que le vélosophe fond déjà sur le frigo, où sa récompense l'attend : le bol de flocons d'avoine préparé la veille. Oui la veille, car le lait de soja a alors le temps de faire gonfler les flocons, ce qui leur donne un plus fort pouvoir rassasiant.

Ne savez-vous pas que tout cycliste est en même temps nutritionniste ? Observez notre athlète. S'il ajoute à ses flocons des morceaux de kiwi, c'est pour la vitamine C que ce fruit contient. S'il tranche une demi-banane dans son bol (pas plus, car la banane a un index glycémique élevé), c'est pour s'assurer un bon apport en potassium. Et s'il ajoute quelques noix et amandes (pas trop, les oléagineux sont riches en lipides), c'est bien évidemment pour profiter de leurs oméga-3. Il dose ensuite savamment le beurre et la confiture sur ses galettes de riz. Et avale tout cela avec avidité, en sirotant une infusion gingembre-citron pour la gorge (pas de thé ni de café, ils empêchent l'absorption du fer). Il se pose ensuite quelques minutes, en consultant les deux journaux qu'il reçoit tous les matins : *Le Monde* et *L'Équipe*.

De temps en temps, il se surprend à jeter un coup d'œil à la fenêtre, espérant un miracle, c'est-à-dire que le ciel se dégage. Et il semble y avoir un dieu du vélo, puisque au moment précis où le cycliste avale la dernière gorgée de son infusion, un rai de lumière vient lui caresser le visage. Alléluia ! Une sortie sur route redevient envisageable.

Le vélosophe appelle rapidement son entraîneur, pour savoir s'il peut aménager légèrement la sortie, compte tenu des conditions météo, étant donné qu'il a déjà fait quarante minutes de rouleaux ce matin, considérant qu'il a mal aux jambes… La sentence tombe : « Non. Tu me feras deux heures et demie comme prévu. Dans le détail : après ton échauffement, ce sera dix minutes juste en dessous du seuil, à trois cent trente/trois cent quarante watts ; dix minutes de récup' ; puis deux fois huit minutes de trente/trente à PMA, avec six minutes de récup' au milieu. Et tu finis par un sprint long pour vider le réservoir, OK ? — OK coach, merci coach, à bientôt coach. »

Le vélosophe ne l'a pas laissé transparaître au téléphone, mais quand il raccroche, il est un peu fébrile : il sait qu'il va en baver. Le monde se divise alors en deux catégories de cyclistes : ceux qui repoussent au maximum le moment où ils vont remonter sur le vélo, pour se préparer mentalement à la séance (à la souffrance), en une forme travaillée de procrastination ; et ceux qui y vont sans attendre.

Notre cycliste appartient à la seconde catégorie. Il se plaît à penser que cela témoigne de son âme de guerrier, de son âme de vainqueur, de son âme de champion du Tour ! Mais, au fond de lui, il n'est pas dupe : cela signifie surtout qu'il appréhende la séance à venir et qu'il veut en finir au plus vite avec ce moment douloureux – d'autant plus que cette éclaircie ne durera pas éternellement. Et puis, il est bientôt dix heures, l'heure des « Chemins de la philosophie » sur France Culture.

Car la radio a aussi un rôle durant les sorties en extérieur, celui d'antidote à la douleur. Avec un peu de chance l'émission détournera l'attention du vélosophe des brûlures programmées dans ses cuisses, et de la compression brutale qui attend sa cage thoracique.

Le cycliste enfile donc au plus vite un nouveau cuissard, long cette fois. Pour le haut du corps, il se vêt successivement d'un sous-maillot manches longues, d'une veste intermédiaire, d'une veste antipluie, d'une chasuble – et il garde en réserve dans une de ses poches un K-Way au cas où la pluie redouble. Mince, il a oublié le cardiofréquencemètre… Il faut donc renouveler l'opération en sens inverse, puis tout remettre. Casquc, gants, chaussures et couvre-chaussures (les extrémités sont les points sensibles du cycliste) : c'est tout bon. Clé multi-outil, nécessaire de réparation en cas de crevaison, téléphone, et surtout le beau MP3 de la petite sœur : le cycliste est enfin prêt, il peut enfourcher sa monture et s'élancer sur la route, encore humide, mais où il ne pleut plus.

De l'intelligence du corps

> « Pourquoi les footballeurs sont-ils si bêtes ?
> Parce que tout le temps qu'ils passent à courir
> derrière un ballon, ils ne le passent pas
> à se demander pourquoi ils le font. »
> COLUCHE

Doit-on toujours être dans la réflexion ? Comme si le corps ne pouvait se suffire à lui-même. Comme si l'esprit, toujours supérieur, s'ennuyait de ne pouvoir penser pendant que le corps se dépense…

Il m'arrive de ne penser à rien sur le vélo. Ou d'écouter la radio sans l'écouter. Ou de penser sans penser. Parfois, tandis que je m'entraîne, mon esprit s'échappe. Je divague. Je suis dans un état semi-conscient pendant quinze minutes, une demi-heure, une heure… Et puis je me « réveille », et je me rends compte que je suis trente kilomètres plus loin. J'ai suivi le parcours que j'avais prévu. J'ai roulé à une allure normale. J'ai respecté le code de la route. J'ai agi tout comme si j'étais conscient. Sauf que je ne l'étais pas. Le corps a pris le relais.

On entend parfois parler de l'extase du coureur de fond pour désigner cet état singulier, quand le rythme et la fatigue rendent le coureur tout à la fois calme et euphorique. Quasiment ivre, il en vient à s'oublier lui-même, à se « désindividuer » sous l'effet des endorphines que libère sa pratique sportive. La souffrance est présente, mais il n'y prête guère attention, tout entier absorbé dans la dépense immédiate.

Ce que je ressens sur le vélo est quelque chose de très similaire. Ce serait une sorte d'extase du coureur cycliste, survenant de manière imprévue, qui me transporte hors de moi-même – ou plutôt hors de mon esprit. L'extase du sportif d'endurance est un retour au corps et au présent. Nietzsche dirait que c'est l'expérience dionysiaque de l'Éternel Retour, ce grand acquiescement à la vie qui impose de vouloir que tous les événements de l'existence, peines et souffrances comprises, reviennent un nombre infini de fois. Je dirais à tout le moins que c'est la preuve que le corps n'a pas besoin de l'esprit pour avancer.

Pour en revenir à Coluche, je dois admettre qu'il n'a pas entièrement tort quand il se moque des athlètes qui, selon lui, ont la bêtise de ne pas s'interroger sur les raisons de leur pratique. L'activité physique n'encourage pas à la pensée réflexive, celle que l'on développe à l'école : c'est un fait. Est-ce pour autant un mal ? Il existe d'autres formes d'intelligence, notamment celle du corps, dont le sportif fait l'expérience au quotidien.

L'entraînement physique apparaît souvent aux yeux du grand public comme un aveu d'ignorance, voire de débilité. Je reconnais que ne saute pas aux yeux la sagacité d'un Rocky, alias Sylvester Stallone, quand on observe le boxeur monter et descendre des escaliers sans trop savoir pourquoi ! Idem du coureur de demi-fond enchaînant les tours de piste ou du nageur accumulant les longueurs, comme un hamster en cage. Assurément, il y a là quelque chose d'animal, de bestial. Mais ce qui est bestial est-il forcément signe de bêtise ? Bien qu'il puisse paraître totalement primaire, l'entraînement athlétique est en réalité porté par une véritable sagesse.

Quand on partait sur les chemins, à bicyclette

Premiers tours de roue. Vite, brancher l'appareil, ajuster le volume. Ah... Adèle Van Reeth, l'admirable présentatrice des « Chemins » ! L'émission commence tout juste. Au programme : la question de l'union de l'âme et du corps dans la philosophie de Descartes. C'est encore une fois d'actualité. Le vélosophe pédale tranquillement en guise d'échauffement, à peine plus vite que lors de la première séance à jeun, tandis qu'Adèle présente le sujet :

« Les *Méditations métaphysiques* sont souvent présentées comme étant exemplaires du dualisme cartésien. "Méditation", "métaphysique", tout laisse à penser que le corps, la matière, l'étendue, sont mis au ban au profit de l'esprit. Et pourtant, la sixième méditation, à l'opposé des cinq premières, cherche à penser la question de *l'union* de l'âme et du corps, question que nous continuons aujourd'hui de discuter. Pour évoquer ce problème de l'union de l'âme et du corps chez Descartes, notre invité, Charles de Saint-Taxière, maître de conférences à l'université Sorbonne-Nouvelle, chargé de cours au Collège de France, membre permanent de l'Institut pour la recherche en quête de savoir, et auteur de *Descartes, Res, Mens, Corpore et tutti quanti*, aux éditions Pouf. Mais avant de commencer notre discussion, écoutons Billie Holiday, et son titre “Body and Soul”. »

Le cycliste écoute la voix suave de Billie Holiday. La météo se tient. Les sensations sont bonnes. Le cycliste est bien, alléché par le programme. Il en oublie presque qu'une séance particulièrement difficile l'attend. La chanson s'arrête, et la voix de Charles de Saint-Taxière le réveille pour lui rappeler de regarder son compteur. L'échauffement est terminé, une longue montée se présente, c'est l'occasion d'entamer le premier exercice : dix minutes juste en dessous du seuil.

Au début, le vélosophe arrive encore à suivre le raisonnement du professeur, qui explique que la distinction du corps et de l'esprit chez Descartes servira à prouver leur union, que la métaphysique n'est en réalité qu'un détour pour l'étude de sciences plus concrètes, plus « temporelles ». Et puis, au bout de cinq minutes environ, l'effort devient de plus en plus difficile à tenir. L'intensité reste la même, mais la perception de la difficulté augmente, à mesure que le temps s'écoule, et que le corps se fatigue. Les explications du maître de conférences perdent en clarté. À moins que ce ne soit l'esprit du cycliste qui s'obscurcisse… Saint-Taxière fait maintenant une distinction entre imagination et conception. Allez, plus que trois minutes, *encore* trois minutes…

On passe un extrait des *Méditations*, censé éclairer la distinction :

« *Par exemple, lorsque j'imagine un triangle, je ne le conçois pas seulement comme une figure composée et comprise de trois lignes, mais outre cela je considère ces trois lignes comme présentes par la force et l'application intérieure de mon esprit ; et c'est proprement ce que j'appelle imaginer. Que si je veux penser à un chiliogone, je conçois bien à la vérité que c'est une figure composée de mille côtés, aussi facilement que je conçois qu'un triangle est une figure composée de trois côtés seulement, mais je ne puis pas imaginer les mille côtés d'un chiliogone, comme je fais les trois d'un triangle, ni pour ainsi dire, les regarder comme présents avec les yeux de mon esprit.* »

Le vélosophe, tout vélosophe qu'il est, n'a rien compris. S'engageant dans la descente, le regard dans le vide, il se satisfait simplement d'avoir fini son exercice. De toute façon, dès que la vitesse augmente, ce qui est le cas quand la pente décline, on n'entend plus rien en raison du vent.

Après quelques minutes pour recouvrer sa lucidité, le cycliste, désormais sur le plat, recommence à saisir ce dont il est question. « En fait, la distinction entre imagination et conception serait la preuve d'une autre réalité que celle de l'esprit ? », se demande d'un ton faussement ingénu Adèle Van Reeth.

Le vélosophe n'étant pas au fait de la distinction, il a bien évidemment du mal à comprendre le lien… Et quand il commence tout juste à reprendre le fil de l'échange, il s'aperçoit que les dix minutes de récupération sont déjà presque achevées, et qu'il est temps de s'attaquer à l'exercice suivant : huit minutes de trente/trente !

Le principe du trente/trente est simple : trente secondes d'effort à peu près à fond, trente secondes de récupération. Pendant huit minutes en général. Le tout à faire deux fois… Dur. D'autant plus dur qu'il recommence à pleuvoir. Et que Charles de Saint-Taxière commence sérieusement à taper sur le système de notre vélosophe.

Ce dernier a l'impression que le professeur se moque de lui en affirmant, d'un ton docte, que « quoique la douleur soit chose spirituelle, elle est néanmoins la preuve que j'ai un corps ». C'est pas vrai, la belle affaire ! Le cycliste, que la souffrance physique rend facilement irritable, s'énerve cette fois vraiment quand il entend cette sentence implacable : « De même que je pense donc je suis, je sens que je sens donc je sens. »

Le vélosophe sent surtout la rage monter en lui. Mais, au moins, cet énervement n'est pas vain : le coureur transfère son agacement sur ses pédales, ce qui l'aide à réaliser l'exercice.

Il craint cependant pour la deuxième série, car il se sait déjà bien entamé. Qui plus est, la pluie et le vent redoublent, ce qui n'arrange rien. À peine le temps de récupérer, accompagné d'un intermède musical – « King of Pain », de Police –, qu'il faut déjà y retourner. Les trois premiers intervalles de trente secondes, effectués en danseuse, se déroulent à peu près bien. Mais, durant la récupération faisant suite au troisième effort, une sensation d'épuisement tombe sur le coureur – en même temps qu'une tempête. C'est le moment que choisit Charles pour se mettre à parler de deux moi : « Le moi est en fait un moi à deux étages. En haut, il y a le moi du cogito, le moi du doute ("*ça, c'est moi actuellement, pendant la phase de récupération, qui me demande si je vais parvenir à finir l'exercice" – se dit le vélosophe*) ; et puis il y a le vrai moi (*"ça y est, les trente secondes de récup' sont finies, il faut y retourner"*) – le moi qui sent, le moi qui éprouve, l'homme réel. »

Après le quatrième effort, le cycliste n'écoute plus vraiment la radio. Ou plutôt il écoute, mais n'entend plus. Il y a bien sûr le bruit de la pluie violente et du vent déchaîné qui perturbe l'audition. Il y a aussi le craquement de la bécane, de cette machine infernale à deux roues qui se tord sous la pédalée lourde de l'athlète. Il y a surtout l'activité physique, la dépense, cet effort si intense qu'il rend ivre, presque inconscient.

Le vélosophe croit comprendre qu'il est question de l'âme, qui serait comme un pilote en son navire, commandant le corps à l'aide d'un simple tableau de bord. Cela n'a aucun sens pour lui. Il a perdu toute capacité réflexive. Il ne sait pas qui défend quoi, qui pose des questions, qui y répond. Ce sont des mots qu'il entend, sans liens entre eux. Des sons bruts, vides.

Ces sons accompagnent le cycliste dans son effort. Ils le bercent, alors même qu'il se débat comme un diable sur son vélo. Quand il finit son huitième et dernier intervalle, il est dans un état second : il voit flou, son environnement s'est assombri, il a des fourmillements un peu partout, et une désagréable envie de dégueuler. La nausée, quoi.

Il est certainement monté sur le vélo un peu trop rapidement après le petit-déjeuner. Hypoglycémie de réaction, classique. Une erreur d'amateur. Tout ça pour écouter une émission à la radio qu'il entend à peine et comprend encore moins ! Il lui reste un sprint long à réaliser, pour « vider les réservoirs ». Ils sont déjà plus que vides… Sur le papier, ce sprint, c'était l'exercice le plus facile. Mais le cycliste est actuellement dans un tel état que même respirer devient difficile. Alors pédaler à tout rompre…

Il n'est pourtant pas coureur à s'arrêter en pleine séance. Quand l'entraîneur programme quelque chose, il exécute, peu importe comment. Il avale donc un gel énergétique, et se concentre pendant deux ou trois minutes pour accumuler le maximum d'énergie afin de livrer un sprint un tant soit peu correct. Il note vaguement qu'Adèle Van Reeth finit de lire un texte où Descartes compare l'homme à une horloge. Cela le fait sourire. La fringale rend le rire facile. Il éclate carrément quand il entend le mot « hydropique », dont il ne sait absolument pas ce qu'il signifie.

Et pendant qu'il éclate de rire, il se met à sprinter, au milieu des ruisseaux se formant sur la route. Il appuie sur les pédales aussi vite qu'il peut, aussi fort qu'il pleut. Considéré de l'extérieur, ce sprint paraîtrait bien ridicule. Mais notre vélosophe lui se sent étrangement puissant ; il se sent comme une machine qui va exploser. Et d'ailleurs, il se dandine si fort sur son pauvre vélo que le MP3 fait un faux mouvement dans la poche arrière de son maillot. Le bouton pour changer la fréquence se trouve involontairement enfoncé. Le cycliste n'a plus qu'un grésillement désagréable dans les oreilles. Il s'en moque, il est bien. Les derniers mots qu'il aura entendus sont : « … je suis un tout avec mon corps. »

Il est en pleine extase, l'extase de la dépense physique. Il savoure ce moment de bonheur presque masochiste, pédalant encore une petite heure tranquillement sans voir le temps passer, malgré la tempête qui se déchaîne. Pendant cette heure, son esprit divague, toujours accompagné de ce grésillement qu'il ne remarque même pas.

Tout en déroulant, le vélosophe se dit qu'il n'est pas facile de philosopher quand le corps vous fait mal, quand les cuisses vous brûlent et que le souffle vous manque. La raison se tait quand la faim vous assaille, ou quand la déshydratation vous guette (il se rappelle d'ailleurs qu'un hydropique est quelqu'un qui a tout le temps soif, et cela le fait rire à nouveau). Pouvoir écrire est une gageure quand il fait froid. Lire est déjà un effort quand la fatigue extrême vous pèse.

Toujours en pédalant, le cycliste constate en somme que la pensée est bien faible et dérisoire face au corps et à ses impératifs naturels. Est-ce un problème ? Faut-il s'efforcer par tous les moyens de domestiquer cette matière encombrante, qui empêcherait mon vrai moi – l'esprit – de prendre son envol ? « Je suis un tout avec mon corps » – expérimente l'athlète. Ou plutôt, il expérimente que l'homme réel est un corps avant tout, un corps qui, à sa manière, pense en même temps qu'il se dépense – un corps vivant.

Mais qui est ce vélosophe ?

Incorporation

« L'homme éveillé, l'homme qui sait, dit : "Je suis corps absolument, et rien d'autre ; et âme n'est qu'un mot pour désigner une qualité du corps." Le corps est une grande raison. »

NIETZSCHE

Le sportif possède deux formes d'intelligence. Tout d'abord, une intelligence que nous pouvons appeler *théorique*, pour le coup proprement réflexive. Elle désigne l'ensemble des savoirs nécessaires à la bonne pratique de son activité : connaissance des règles, analyse de ses adversaires, apprentissage des tactiques, etc.

Par ailleurs, il fait preuve d'un autre type d'intelligence, plus diffuse, mais certainement plus importante : une intelligence dite *pratique*. À l'inverse de l'intelligence théorique, cette dernière est en grande partie inconsciente. Il s'agit des talents instinctifs dont dispose le sportif pour réagir face à une situation donnée. Si nous voulions dresser un parallèle avec la philosophie, nous dirions que l'intelligence pratique de l'athlète est l'intuition du philosophe face à un problème, quand l'intelligence théorique est le savoir discursif nécessaire à la compréhension des données de ce problème.

Maintenant, comprenons bien que, de même qu'un philosophe qui ne lit plus perd peu à peu sa force de raisonnement, de même le compétiteur doit-il continuellement développer les deux types d'intelligence dont il dispose. C'est là le rôle de l'entraînement.

Concernant l'intelligence théorique, cela est assez simple : il suffit de s'informer sur l'évolution des règlements, analyser l'adversaire et réfléchir aux moyens de lui barrer la route. Généralement, les entraîneurs ou les directeurs sportifs ont pour charge de travailler ces points précis, puis d'en livrer une synthèse, *via* par exemple une séance vidéo. Pour intégrer ces nouvelles informations, l'athlète n'a besoin que de son *esprit*.

En revanche, pour ce qui est de l'intelligence pratique, si l'entraîneur donne toujours des indications, c'est au *corps* du sportif d'opérer le travail proprement dit. Il s'agit de répéter inlassablement les mêmes gestes lors des entraînements, afin de se rapprocher d'une maîtrise pour ainsi dire divine, qui serait la capacité à réagir immédiatement et de manière toujours parfaitement adéquate à n'importe quelle situation.

Autrement dit, par l'entraînement, le sportif travaille littéralement à *s'incorporer* certains mouvements, afin de les rendre quasi automatiques, instinctifs. Voyez par exemple le nageur : s'il enchaîne les longueurs de bassin, ce n'est évidemment pas pour imiter le hamster, mais bien pour devenir poisson, pour transformer le corps humain en corps aquatique. De même, à vélo, l'accumulation des heures de selle n'a pas seulement pour but de développer les capacités physiologiques de base ; elle sert également à améliorer l'efficience du coup de pédale, à rendre le geste plus fluide, en un mot à *intégrer* le mouvement cycliste. Idem des exercices de proprioception, aujourd'hui très en vogue, qui s'inscrivent eux aussi dans cette démarche d'incorporation : en travaillant l'éveil sensori-moteur de ses muscles et articulations au travers, par exemple, de jeux d'équilibre, il s'agit encore une fois pour le sportif de développer l'activité réflexe de son corps, ce qui pourra s'avérer très utile dans des situations critiques telle une chute.

Contrairement à ce que Coluche disait, le sportif développe donc bien une forme d'intelligence au travers de son activité. L'humoriste n'est pourtant pas à blâmer, car il est vrai que cette intelligence n'est pas facile à observer, l'entraînement ayant précisément pour finalité de la masquer. S'entraîner, s'incorporer un geste particulier, c'est vouloir rendre ce geste évident, tellement évident qu'il paraîtra naturel, alors qu'il est le fruit d'un travail quotidien et réfléchi étalé sur des années voire des décennies.

Tellement naturel qu'il paraît bestial, et suscite fréquemment sarcasmes et moqueries de la part du spectateur condescendant, le geste sportif est cependant parfois si parfait, si pur, qu'il arrive que l'intelligence mise en œuvre pour le pratiquer resurgisse éclatante aux yeux du public. Les cas sont rares, exceptionnels. Ils sont l'œuvre de *génies* du sport, de champions.

Ces derniers se distinguent par leur capacité à synthétiser l'essence même de leur sport. Tandis que la masse des athlètes, ouvriers du sport, s'acharne laborieusement, les champions – êtres créateurs – rendent tout simple, divinement simple : c'est Maradona qui slalome au milieu de tous les défenseurs ; Bolt qui semble trottiner en finale d'un cent mètres olympique ; Anquetil qui caresse les pédales au paroxysme de l'effort...

Tous ces champions font preuve d'une telle aisance, d'un tel relâchement, que leur sport *semble* facile – si bien que l'on pourrait croire que seul le talent naturel est ici à l'œuvre. Anquetil en a pourtant parcouru des kilomètres derrière derny, pour obtenir une pédalée aussi ronde, aussi fluide. Le jeune Diego a dû en accumuler des jongles pour devenir « El Pibe de Oro ». Et Bolt serait-il devenu le « King » Usain s'il s'était reposé sur ses bonnes prédispositions ?

Il y a une vie de travail derrière tout champion. Le corps parfait de l'athlète n'est pas un donné ; il s'est construit au fil des ans, par le biais d'un entraînement méthodique et réfléchi. Qu'il n'y ait pas d'équivoque : le spectateur n'admire pas Dame Nature quand il s'émerveille devant une performance sportive exceptionnelle ; il contemple la sagesse pratique mise en œuvre pour aboutir à ce résultat. Il est ébloui par l'intelligence du corps, dont le champion est l'expression parfaite.

Le sport alors se transforme en art. L'activité physique devient performance esthétique. La boxe n'est-elle pas surnommée le « noble art » ? Cette expression n'est pas usurpée, pour peu que ce soient des champions qui s'opposent sur le ring. Deux boxeurs lambda s'affrontant laborieusement, c'est un combat, rien de plus. Il y a bien entendu derrière ce face-à-face du travail, de l'intelligence physique. Mais précisément, ce travail est trop visible, les mouvements sont trop heurtés. L'intelligence ne transparaît pas. Seule s'observe la violence brute. En revanche, Mohamed Ali et Joe Frazier qui se rencontrent, c'est un ballet. La violence, pas plus que la souffrance, n'ont disparu, mais elles sont sublimées, glorifiées. Le spectateur est emporté par la puissance des coups, par la fluidité des déplacements, par l'intelligence ô combien travaillée dont font preuve ces corps pour se terrasser l'un l'autre.

Que cela soit entendu : il y a du génie artistique chez les champions. Il y a du De Vinci chez Ali. À ceci près que pour De Vinci l'art est une « chose mentale », alors que le génie des athlètes est bien une affaire corporelle en tant qu'il repose sur un système d'auto-éducation physiologique.

Là est d'ailleurs tout le problème : aux yeux du grand public, le sport n'atteint pas aujourd'hui la dignité de l'art, parce qu'il est une activité matérielle, bassement matérielle. Religieux et philosophes nous ont inculqué depuis des siècles que corps et esprit sont deux entités strictement séparées, deux *substances* de nature différente dont l'une – le corps – serait corruptible et mauvaise, tandis que l'autre – l'esprit, ou l'âme – serait immortelle et supérieure. Et, bien que l'avènement du sport moderne ait permis une certaine revalorisation du corps, on continue à considérer ce dernier comme une machine, certes complexe, mais qui ne serait rien sans son pilote, l'âme.

Une scission perdure entre corps et esprit, et ce jusque dans les stades, où les spectateurs – purs esprits, êtres rationnels – se considèrent souvent comme supérieurs aux sportifs, coupables eux de n'être que des corps. Les champions sont bien sûr admirés, encensés, et même idolâtrés ; mais s'ils le sont, s'ils peuvent l'être sans que cela endommage l'estime de soi du fan, c'est parce que ce dernier ne voit *in fine* le sportif que comme un objet en mouvement, une *chose*.

Compétiteurs et spectateurs n'appartiennent pourtant pas à des catégories différentes d'être humain. Trop souvent réifié, l'athlète mérite de retrouver un plus honorable statut, celui d'*acteur* du sport, celui d'artiste du corps.

Sculpter sa propre statue

Le quotidien d'un cycliste de haut niveau n'est pas constitué que de compétitions et d'entraînements. Le respect d'un mode de vie sain – diététique, étirements, sommeil, etc. – fait partie intégrante du métier, à l'instar de la gestion de la relation aux médias et au public.

Sur ce dernier point, Platon était, il faut le dire, assez inexpérimenté. Sitôt révélée sa future participation au Tour, il dut faire face à de nouvelles responsabilités. Avant les courses, là où il était auparavant ignoré, on lui réclamait maintenant des autographes. Les gens l'applaudissaient lors de ses sorties d'entraînement, voire même l'arrêtaient pour prendre une photo. Il croulait sous les messages sur les réseaux sociaux – encouragements, félicitations, ou encore demandes d'équipements. On écrivait des poèmes à son élégie. Du jour au lendemain, les regards à son endroit avaient changé. Ou plutôt on avait commencé à le regarder. Le jeune coureur grec était devenu quelqu'un.

Platon voulait faire plaisir à tout le monde, acquiescer à toutes les demandes, échanger avec ses fans (après tout, le dialogue n'était-il pas la chose la plus importante à ses yeux ?). Mais il fallait se garder des plages de récupération, et ne pas sacrifier l'entraînement. Toute cette médiatisation naissante, et ce qu'elle impliquait, Platon devait s'y accoutumer. Il devait apprendre à organiser ses journées en conséquence, s'habituer à faire face aux messages les plus loufoques. Lisez plutôt cet échange sur le réseau social *Morphaïbiblion*, littéralement « le livre du visage » (*Facebook* pour les anglophones) :

Plotin, mercredi 15 mars, 22 h 38 :

Platon,

Je suis très admiratif de ton parcours, que j'ai suivi régulièrement depuis tes débuts dans le cyclisme, et plus encore depuis l'annonce de votre participation au prochain Tour de France. Quelle joie cela doit être de pouvoir prendre part à un si grand événement !!! D'autant plus que tu es encore jeune. Tu as encore une longue et belle carrière devant toi. Aujourd'hui équipier modèle, je ne doute pas que tu seras prochainement leader incontesté, et que tu feras les belles heures du cyclisme grec :)

Ce qui m'impressionne le plus chez toi, ce ne sont pourtant pas tes facultés physiques exceptionnelles. Là où selon moi tu sors réellement de l'ordinaire, là où tu es à proprement parler génial, c'est dans ta capacité à relier vie intellectuelle et pratique sportive, en une parfaite alchimie. Tu as compris avant tout autre que le corps seul n'est rien, un simple « tombeau pour l'âme ». Si tu es aussi fort – et Zeus sait que tu l'es –, c'est parce que ton corps se trouve comme parfaitement guidé par ton esprit. Basses aspirations corporelles, émotions et sentiments – tout cela n'a de sens qu'à partir du moment où l'esprit les domine. Si les choses sont dans le bon ordre, si l'équilibre est trouvé, alors l'esprit ne sera pas dérangé, mais libre de vaquer à la pensée. Chacun dans son pré, et les moutons seront bien gardés ! ;)

Pardonne-moi ces piètres rimes. Tu m'inspires trop bien… Tu m'inspires même si bien que j'ai décidé de suivre ton exemple, et de me lancer moi-même dans le cyclisme, il y a quelques semaines, en regardant à la télé votre brillante performance collective au Tour d'Oman ! J'ai acheté au plus vite mon premier vélo, et depuis je « sculpte ma propre statue » chez moi, en Égypte, afin d'être au niveau pour vous accompagner sur les routes du Tour en juillet. Que penses-tu d'une alliance gréco-égyptienne ? « L'équipe hellène fait des émules, un nouveau philosophe les rejoint » : avoue que cela aurait de l'allure !

Il est vrai que physiquement je suis encore un peu à la peine… Mais ce n'est pas très grave. L'important, c'est la tête ! Et sur ce point, je suis une bête ! (Pardon pour cette nouvelle rime…) XD

Plotin, #vélosophe, #fandePlatoche

Plotin, jeudi 16 mars, 23 h 49 :

Platon,

Excuse-moi de te déranger de nouveau, mais je m'étonne que tu ne m'aies pas encore répondu, et crains que tu n'aies mal interprété mon expression « sculpter sa propre statue ». Je te rassure : ce n'était qu'une façon de parler. En réalité, je sais bien que le corps n'a rien d'une œuvre d'art. Le but du sportif ne doit pas être de se transformer physiquement par l'entraînement, comme le font par exemple ces stupides pugilistes et autres body-builders.

La statue, c'est bien sûr l'âme. C'est celle-ci qui doit avant tout être façonnée. La dépense physique n'est qu'un moyen pour lui procurer quiétude, la laisser libre de remonter pas à pas vers ce dont elle émane, l'Intelligence, qui elle-même émane de la première des hypostases, l'Un, c'est-à-dire le Bien. S'entraîner, c'est donc commencer à purifier son âme, en faisant taire son corps. C'est finalement la détacher de son corps, en assignant à ce dernier une tâche précise, de sorte que l'âme puisse littéralement *s'extasier*, s'extraire de sa gangue pour aller en une procession ascendante introspective contempler le divin dont elle est issue. Ainsi « grattée, polie », l'âme apparaîtra dans son essence brute, dans sa vertu brillante et sans mélange.

Mais tout cela est évident ; et tu l'as évidemment bien compris, puisque c'est de toi que je le tiens, et puisque tu l'exemplifies à chaque instant.

J'espère que tu trouveras le temps de me répondre quand tu auras un moment.

Kiss, <3

Plotin, #auteurdesEnnéades, #symboledelatransitionentremondeantiqueetmondejudéochrétien

Platon, lundi 20 mars, 8 h 18 :

Salut Plotin,

Tout d'abord merci pour tes messages. Je te prie de m'excuser de ne pas avoir répondu plus vite. Mon emploi du temps est très chargé ces temps-ci…

J'ai cependant pris le temps de m'intéresser à ta conception de l'entraînement, et je dois te dire… que je n'ai pas pigé grand-chose ! C'est quoi cette histoire d'Un, d'hypostase, de purification, d'extase, ou je ne sais quoi ? Tu planes, mon petit !

Tu dis prendre exemple sur moi. N'oublie pas que dans ma cité idéale la gymnastique fait partie intégrante de l'éducation des jeunes citoyens ! Et que le corps, s'il est une prison, en est une par laquelle il faut passer pour atteindre l'univers des intelligibles. Le sensible *participe* de l'intelligible… S'entraîner, ce n'est donc pas ordonner au corps de se taire pour libérer l'âme ; c'est libérer le corps pour qu'il nous oriente vers les Formes intelligibles. T'as saisi la nuance ? La statue, elle est à la fois physique et spirituelle, et c'est l'ensemble que tu sculptes en t'entraînant – ce que tu devrais faire un peu plus si tu veux mon avis.

Bon, en parlant d'entraînement, je te laisse, j'ai six heures au programme aujourd'hui.

Sportivement,

Platon, #t'aspastoutcompris

Plotin, lundi 20 mars, 8 h 19 :

OK… Merci de l'explication…
Tu peux pas me donner un de tes maillots quand même ?

Platon découvrit cette réponse au retour de sa sortie de six heures. Une interrogation l'envahit : dialoguer, communiquer – y compris quand votre interlocuteur se présente philosophe –, n'est-ce pas finalement plus dur que de pédaler ?

Un peu d'histoire

« Est-il dans cette vie une gloire plus grande
que de savoir jouer de ses jambes et ses bras ? »
HOMÈRE

Pour qu'esprit et corps ne soient plus opposés, pour qu'un véritable lien soit renoué entre spectateurs et acteurs, pour qu'en somme nos représentations du sportif et de l'être humain en général ne soient plus parcellaires, il faut faire un petit retour en arrière et prendre exemple sur un temps où l'homme était un tout, où corps et esprit n'étaient qu'une seule et même chose. Un temps où – pour citer Nietzsche – il était reconnu que « le corps pense ».

Ce temps, c'est celui des débuts du sport, celui des premiers jeux en Grèce antique, la tradition des concours ayant probablement été fondée en 776 av. J.-C. à Olympie. On mettait alors en avant la perfection physique des athlètes, bien plus que leurs qualités mentales. La nudité des concurrents (le *gumnos* de « gymnastique » signifiant littéralement « nu »), les statues dressées en l'honneur des vainqueurs, le rituel de la remise de couronnes d'oliviers sacrés – tout cela témoigne de l'admiration portée au *corps* des champions, placé à un rang quasi divin. La pleine matérialité de l'homme était affirmée, sans jugement de valeur, sans dépréciation vis-à-vis de l'esprit.

À cette époque, l'homme idéal était le *kalos kagathos*, littéralement l'homme « bel et bon ». Autrement dit, les qualités physiques auguraient des qualités morales. Cela peut aujourd'hui nous choquer, nous qui distinguons radicalement beauté extérieure et beauté intérieure, mais, dans la Grèce antique, la perfection esthétique signalait la finesse intellectuelle. Puisque l'homme était un, il ne pouvait être différent psychologiquement et physiquement. Pour être sage, il fallait être beau.

Un homme rompit ce schème : Socrate. Ce dernier était un grand sage, mais il avait la réputation d'être d'une laideur repoussante ! Est-ce pour cela qu'il fut l'instigateur d'une pensée qui séparait sensible et intelligible, corporel et spirituel ?

Toujours est-il que les choses changèrent après lui (soit au début du IVe siècle av. J.-C.). Les jeux sportifs, déjà dégénérescents, continuèrent de perdre de leur superbe. L'esprit commença à se détacher du corps. Le *kalos kagathos* cessa peu à peu d'être le modèle idéal. Il fut remplacé par le *mens sana in corpore sano* (« un esprit sain dans un corps sain »), maxime non plus hellène mais latine qui symbolise bien la transition opérée : alors que chez les Grecs corps et esprit étaient comme les deux faces d'une même médaille, désormais ils sont séparés – le corps n'étant plus qu'une enveloppe protectrice de la seule chose qui importe vraiment, l'esprit.

Ce mouvement d'ensemble s'amplifia avec l'apparition des trois grandes religions monothéistes qui, chacune à leur manière, établirent une hiérarchie entre corps corruptible et âme éternelle – à chaque fois, évidemment, au détriment du premier. Les jeux antiques ne pouvaient plus être tolérés très longtemps. Accusés d'encourager au paganisme, ils furent définitivement interdits en 393 apr. J.-C., suite à un édit de l'empereur chrétien Théodose Ier, sur ordre de l'évêque Ambroise de Milan.

S'ensuivit une longue période où la ferveur sportive, si elle continua de vibrer (on pense aux différents jeux populaires, aux tournois et aux joutes chevaleresques), demeura toujours soumise aux lois répressives de l'Église. Ainsi, au XIIe siècle, lors du concile de Clermont, le pape Innocent II interdit ces « détestables foires [...] appelées vulgairement tournois, dans lesquelles les chevaliers ont l'habitude de se réunir pour exhiber leur force et leur impétueuse témérité, et dans lesquelles il advient souvent mort d'homme et péril pour les âmes ». Il ajoute : « À ceux qui y trouvent la mort, on refusera la sépulture chrétienne. » Le corps est méprisé. Une véritable scission est décrétée entre matériel et spirituel, entérinée un peu plus tard par Descartes qui distingue en l'homme deux substances : d'un côté la substance pensante qui définit l'homme (« je pense donc je suis ») ; de l'autre la substance corporelle, corruptible, changeante, à laquelle nous ne sommes que provisoirement rattachés.

Légèrement disputée à la Renaissance, cette mise au ban du corps et de l'activité physique se trouva radicalement bouleversée au XIXe siècle, quand des protestants anglais eurent l'idée d'encourager à la pratique sportive, afin de lutter contre la dépravation des mœurs. Ainsi du chanoine Kingsley et de ses « *muscular Christians* », ou encore du pasteur Thomas Arnold qui intégra pleinement le sport au programme d'enseignement habituel de la *private school* dont il avait la charge, dans la célèbre ville de Rugby.

Le corps avait donc retrouvé une certaine dignité. Et une voie était ouverte à une véritable renaissance du sport, voie dans laquelle s'engouffra le célèbre baron Pierre de Coubertin quand, s'inspirant des jeux antiques, il inventa les Jeux olympiques modernes, dont la première édition eut lieu en 1896 à Athènes.

Situation de crise dans l'équipe allemande

Les premiers mois de l'année civile sont des mois de labeur et de doute pour tous les cyclistes. En décembre, on est encore tourné vers la saison précédente. La préparation hivernale est déjà entamée, mais c'est encore le temps de l'insouciance et de la fête. En janvier, c'est du sérieux. Les premières courses arriveront vite, à peine un mois plus tard. On s'inquiète du poids pris. On accumule les heures de selle et on s'impose un régime sévère pour éliminer les excès de l'hiver. On se demande si la préparation est optimale, si l'on en fait trop, ou au contraire pas assez…

Grecs ou autres, vélosophes ou pas, tous les cyclistes connaissent cette angoisse de l'avant-saison. Les traditionnels stages de mi-janvier sont une première occasion de se rassurer. On s'y « teste », en simulant une course avec ses coéquipiers, avant que février n'arrive enfin et que les premières vraies compétitions ne viennent ouvrir la saison. Même si ces épreuves inaugurales ne présument que rarement du reste de l'année, il est toujours bon de bien y figurer. Pour le moral.

Et justement, en ce début mars, après un mois de courses, l'équipe d'Allemagne est en plein questionnement. L'entame de la saison a été – il faut le dire – mauvaise. Ou tout du moins pas à la hauteur de ce que la richesse de l'effectif pouvait laisser espérer. Avec des coureurs tels que Rudi Altich, Erik Zadel, Jens Vogt ou encore Jan Ullrig réunis sous le même maillot, les suiveurs s'attendaient à ce que la *Radsport-Mannschaft* fasse des étincelles. Rien. Pas même un podium sur une course de seconde zone…

Certains coureurs ne paraissent pas concernés, d'autres sont en surpoids, tandis que d'autres encore, malgré toute leur bonne volonté, commencent à ressentir un autre poids, celui des ans. Par ailleurs, le passage aux équipes nationales a eu pour conséquence d'attiser les rivalités entre les coureurs allemands. Jusqu'à présent leaders uniques dans leurs équipes de marque, tous doivent désormais cohabiter au sein d'une même formation. Et le moins que l'on puisse dire, c'est que les premières courses de l'année n'ont pas fait ressortir un grand esprit d'équipe. On se souvient notamment de ce Grand Prix de Majorque rocambolesque, où Altich avait tassé son coéquipier Zadel dans le sprint, alors qu'Ullrig – qui devait lancer l'emballage final – avait préféré jouer sa carte en tentant le coup du kilomètre !

Bref, il y a crise. Si l'on veut éviter une catastrophe en juillet, il faut réagir, et vite. D'autant plus que le départ du Tour sera donné en Allemagne cette année, à Düsseldorf. Un manque de résultat marquerait un coup d'arrêt au renouveau du cyclisme outre-Rhin...

Heureusement, le manager de l'équipe allemande – un certain Albert Einstein – a décidé de prendre les choses en main. Il a été nommé à la tête de l'équipe pour ses connaissances en physique du sport, son esprit d'analyse et sa bonne humeur fédératrice. Einstein est bien conscient du fait qu'un problème perturbe le début de saison de la formation germanique mais, comme il se plaît à le répéter, « un problème sans solution est un problème mal posé ». Einstein est un optimiste.

Esprit agile, il a vite trouvé une idée révolutionnaire pour parer aux maux que rencontre la *Mannschaft.* Le manager profite d'un stage de préparation avant les classiques flandriennes, prévu à De Haan sur la côte belge, pour exposer ladite idée à ses hommes :

— Messieurs, vous n'êtes pas sans savoir que nos performances ne sont pas à la hauteur de notre niveau. La saison est encore longue. Je sais que vous travaillez à rétablir la situation. Mais mon rôle en tant que manager est de chercher encore et toujours comment nous améliorer. Et il se trouve que j'ai une théorie qui va nous permettre de retrouver les premières places, une théorie qui, je le crois, va bouleverser le cyclisme moderne, une théorie qui…

— Si c'est le même genre de théorie que la dernière fois, vous pouvez vous abstenir…, l'interrompt Altich, virulent et sarcastique.

— Plaît-il ?

— Eh bien votre théorie selon laquelle la masse, c'est de l'énergie. E = CM2 ou je ne sais plus quoi… Vous nous avez obligés à faire de la musculation à n'en plus finir cet hiver, pour qu'on prenne de la masse, et qu'on soit ensuite pleins d'énergie aux départs des courses. C'était bien ça l'idée ? Résultat : on a commencé la saison lourds comme des enclumes, et on ne mettait plus une roue devant l'autre…

— Oui bien sûr, cette théorie-là pouvait être dangereuse…, admet Einstein. Son application demande sans doute à être encadrée. Mais ma nouvelle théorie, c'est tout autre chose !

— J'espère que ce n'est pas la même chose que cette fois où vous nous aviez assuré que la gravitation n'existait pas, intervient Ullrig, grinçant. Parce que la gravitation je peux vous certifier que je continue à la sentir dans les bosses, avec mes dix kilos en trop !

— Ce n'était pas ce que j'affirmais. Tu m'as mal compris, Jan, corrige le manager, avec amabilité. Ce que je disais, c'est que la gravitation *en soi* n'existe pas, qu'elle n'est qu'une déformation de l'espace-temps.

Devant l'air perplexe affiché par Ullrig, Einstein se sent obligé de développer :

— Il faut concevoir l'espace et le temps comme une seule et même chose, une grande toile dressée dans tout l'univers. Ce que tu appelles gravitation, ce n'est qu'un trou, une dépression dans cette immense toile. Toi, cycliste sur Terre, tu te trouves au milieu de ce trou, et « glisses » immanquablement vers le fond, si tu ne fais rien. Mais tu peux faire quelque chose ! Tu peux pédaler, et plus tu pédaleras vite, plus tu pédaleras fort, plus tu iras haut ! Car il faut savoir que l'espace se contracte à mesure que la vitesse augmente. Le vélo, c'est donc tout simple : il suffit d'accélérer pour que les distances s'amenuisent. Tu as compris cette fois ? Appuie sur les pédales, et tu verras que les bosses seront moins longues !

Pendant qu'Einstein reprend son souffle après cette tirade assénée avec passion, Ullrig jette un regard ébaubi à ses coéquipiers. Pour une fois, les coureurs allemands semblent être sur la même longueur d'onde : ce manager issu du milieu universitaire que la fédération leur a mis entre les roues est sans doute très bon dans son domaine, mais il ne connaît décidément rien au vélo !

Les jambes en tête

« Il faut agir en homme de pensée
et penser en homme d'action. »
Henri BERGSON

La « réinvention » du sport au XIXe siècle permit-elle une réhabilitation du corps ? Témoignait-elle d'un retour au modèle grec du *kalos kagathos* ? Loin s'en faut. La particularité du sport moderne (et par extension de la modernité en général) est qu'il considère le corps comme un support pour l'esprit. C'était le cas chez Kingsley ou Arnold, pour qui l'activité physique valait pour ses vertus éducatives, pour l'élévation morale qu'elle permettait.

L'approche fut-elle différente chez le laïque Pierre de Coubertin ? Citons quelques-uns des titres de ses traités pour se rendre compte du contraire : *Pédagogie sportive*, *Gymnastique utilitaire*... Les intitulés parlent d'eux-mêmes : pour le baron, le sport n'est encore qu'un moyen ; il « relève de la psychologie autant que de la physiologie », et son intérêt tient en ce qu'il sert « à fortifier le caractère et à développer ce qu'on pourrait appeler la musculation morale de l'homme ».

Plus qu'un retour à l'olympisme originel, c'est une réactualisation qu'effectue Pierre de Coubertin en créant des jeux où le corps se trouve *in fine* subordonné à l'esprit, soumis aux valeurs morales qu'il est censé exemplifier. D'ailleurs, ce n'est pas le modèle grec du *kalos kagathos* qui est repris, mais bien celui latin du *mens sana in corpore sano*, à peine modifié en un *mens fervida in corpore lacertoso* (« un esprit ardent dans un corps entraîné »). En dépit de la fine nuance apportée (la performance remplace la santé comme idéal à atteindre), Pierre de Coubertin se place en héritier de toute une tradition de séparation et de dépréciation du corps vis-à-vis de l'esprit. Le développement physique oui, à condition qu'il serve le développement intellectuel.

Sommes-nous aujourd'hui sortis de cette tradition ? Pas si sûr. Il suffit de s'intéresser à la manière dont sont considérés les métiers manuels dans notre société. Combien d'élèves désireux de se tourner vers l'apprentissage sont-ils contraints par leurs parents de « passer leur bac d'abord », ou d'effectuer des études dites « supérieures », pour finalement se réorienter à vingt-cinq ans vers ce qu'ils voulaient déjà pratiquer à quinze ?

En fait, la situation a même empiré. Aujourd'hui, la scission entre matière et esprit n'opère plus seulement au sein de l'individu particulier, elle a gagné la structure sociale. L'hyper-spécialisation des profils a divisé la communauté en classes de « manuels » et d'« intellectuels ». Certains membres de la société ne seraient que corps, tandis que d'autres ne seraient qu'esprits. D'un côté les acteurs besogneux, de l'autre les spectateurs contemplatifs…

Aux yeux de beaucoup, être capable de réunir ces deux mondes relève de l'exceptionnel. Ce qui explique sans doute l'attrait dont j'ai pu faire l'objet en tant que coureur cycliste diplômé en philosophie. Je sortais des catégories attendues, des schémas classiques. Suis-je un extraterrestre pour autant ? Je ne le crois pas. Je crois que l'être humain peut tout à la fois agir et réfléchir.

Pourtant, ma position doit être minoritaire, puisque l'on s'étonne que des profils comme le mien puissent réunir, selon la formule consacrée, la « tête et les jambes ». « La tête d'un côté, les jambes de l'autre » – tel doit être apparemment le nouveau modèle en vigueur... Quiconque sortirait de ce modèle ne serait pas dans l'esprit du temps.

Bien sûr, dans les faits, les choses ne sont pas aussi tranchées. Des ponts existent entre métiers manuels et métiers intellectuels ; je l'admets. J'ai moi-même pu profiter de certains dispositifs qui m'ont aidé à mener de front parcours scolaire et carrière sportive (section sport-études au lycée de Flers, enseignement à distance en master à l'université de Paris-Nanterre).

Pour autant, si des programmes ont le mérite d'exister, les mentalités quant à elles ne sont pas encore prêtes à accepter ces profils « originaux ». Combien de fois m'a-t-on répété que je devais faire un choix, qu'il était impossible d'allier carrière d'athlète de haut niveau et parcours universitaire ! La réussite sportive est un atout pour un étudiant américain. Pourquoi en France est-on si méfiant à son égard ? Serait-ce que, dans les milieux intellectuels, le corps effraie ? Ou bien peut-être craint-on que l'enseignement soit dévalué si l'on découvre qu'il est possible de pratiquer un sport en parallèle ? Plus prosaïquement, l'explication tient sans doute à ce qu'aux yeux de nombre des membres dits de « l'élite », le monde du sport apparaît comme une autre planète, totalement éloignée.

C'est en tout cas l'impression que j'ai souvent ressentie au cours de mes études, où je faisais figure d'ovni (bien plus qu'aujourd'hui, en tant que « philosophe » dans le peloton). Ce n'est pas tant que je paraissais étrange ; c'est surtout que la plupart des enseignants et des étudiants ne se rendaient même pas compte de ce que pouvait signifier en termes d'entraînement, de déplacements, d'implication, la vie d'un cycliste de Division nationale 1, le plus haut niveau amateur. Pour beaucoup, ma pratique sportive n'était rien de plus qu'un *hobby*. Il était inconcevable que je puisse aller rouler trois heures le soir après les cours quelles que soient les conditions météo, que je passe mon week-end en camionnette pour aller courir à l'autre bout de la France, ou encore que je parcoure plus de kilomètres à vélo en une année qu'eux n'en couvraient avec leur voiture. Le quotidien d'un sportif était une *terra incognita* pour nombre de mes professeurs.

Que les universitaires soient ignorants du sport, à vrai dire peu m'importe. Ce qui me dérange plus, c'est que cette ignorance, au lieu de susciter curiosité, achoppe sur un rejet. Arrivé en niveau master, et devant à ce titre produire un essai universitaire original – ce que l'on appelle un mémoire –, l'idée me vint de m'intéresser philosophiquement à la question du sport. Plus précisément, mon ambition était d'appréhender le phénomène athlétique en regard avec l'œuvre de Nietzsche, et vice versa. Quelles difficultés rencontrai-je pour trouver un enseignant qui daignât diriger mon travail ! On me reprochait un sujet trop « exotique ». J'admets que Nietzsche n'est pas particulièrement connu pour ses écrits sur le sport. Mais j'avais bien pris soin de présenter mon projet comme un travail d'interprétation. C'est *moi* qui souhaitais penser le sport moderne à l'aune de la philosophie nietzschéenne ; en aucune façon je n'affirmais trouver chez le philosophe allemand ce qui n'y était pas…

En lieu d'exotisme, je pense que la raison véritable du refus que j'essuyai tient à ce que, en règle générale, les gens n'aiment pas être bousculés dans leurs habitudes culturelles. De même que les cyclistes parlent aux cyclistes, au sein de ce que l'on appelle la « grande famille du vélo », en usant d'expressions et de codes propres, de même les philosophes s'adressent en priorité aux philosophes, par le biais de travaux universitaires aux sujets abscons et au vocabulaire jargonnant, gages d'une parfaite étanchéité de leur propos. Sortir des sentiers battus et vouloir faire dialoguer ces deux univers si étrangers l'un à l'autre devait être perçu comme une remise en question de l'ordre en place.

Fort heureusement, il y a des exceptions, et j'ai finalement pu me rapprocher d'un professeur de philosophie, Jean-François Balaudé – par ailleurs président de l'université de Nanterre, passionné de cyclisme, cyclosportif lui-même –, qui souscrivit à mon projet de mémoire et accepta d'en être le directeur. Je pouvais enfin m'atteler à cette recherche, dont le but était précisément, en considérant le sport comme un objet philosophique, de surprendre, de déranger, de bâtir des ponts plutôt que des murs.

Une idée révolutionnaire

Tandis qu'un silence d'incompréhension s'est installé entre les coureurs allemands et Einstein, ce dernier – apparemment indifférent à l'aphasie de son public – en vient à l'objet de la réunion du jour, sa nouvelle grande idée révolutionnaire :

— Messieurs, si je vous ai convoqués, ce n'est ni pour disserter sur l'espace-temps, ni pour discuter de musculation. Bien sûr, nous sommes ici pour préparer la campagne à venir des Flandriennes... Mais pas seulement ; le véritable objectif est plus lointain : nous devons réfléchir maintenant aux moyens d'être au top en juillet, en vue du Grand Départ du Tour à Düsseldorf. Or, il se trouve que j'ai entendu parler des nouvelles méthodes de l'équipe grecque de cyclisme...

Les cyclistes ne peuvent réprimer quelques pouffements de rire. La Grèce n'est pas l'équipe qui fait le plus peur aux Allemands.

Indifférent à ces attitudes moqueuses, Einstein continue :

— Cela peut sembler amusant, en effet. Mais quelqu'un peut-il me dire qui a remporté l'étape reine du Tour d'Oman il y a quinze jours, au sommet de la montagne Verte ? Je vais vous aider : un certain Socrate, membre de l'équipe nationale hellène !

— On ne m'avait pas bien placé au pied..., se justifie Ullrig, légèrement piqué, regard noir en direction d'Altich.

— C'est parce que ce Platon m'avait tassé sur le bas-côté auparavant, se défend Altich.

— Et puis ces Grecs se sont entraînés au soleil tout l'hiver, renchérit Zadel. Pendant que, nous, on gelait en Forêt-Noire et en Suisse, ou qu'on roulait sur la piste à Berlin… Avouez que ce ne sont pas les conditions idéales pour se préparer à courir au Moyen-Orient ! Encore maintenant, toutes les équipes sont en stage en Espagne ou en Italie pour préparer les Flandriennes. Pourquoi sommes-nous les seuls à être ici, à De Haan, sous la pluie et le vent !

Einstein élude en assurant que ces différents paramètres ne sont que d'influence mineure. Selon lui, la vraie raison du succès des coureurs grecs, leur arme secrète, c'est… leur intelligence !

Les athlètes, une nouvelle fois, en restent pantois. Décidément, ce manager aux cheveux hirsutes est un original. Comme s'il fallait être intelligent pour faire du vélo. Comme si eux n'étaient pas intelligents !

Sentant poindre l'énervement de ses coureurs, Einstein ne se démonte pas. Il explique avoir lu et entendu de nombreux articles et reportages racontant l'histoire de ces « vélosophes » grecs – Socrate, Platon, Aristote et autres –, d'autant plus forts physiquement qu'ils sont brillants intellectuellement. Les journalistes sont formels : la philosophie serait une sorte de potion magique conférant à ceux qui la pratiquent un avantage non négligeable une fois sur le vélo. Outre un surcroît de puissance et d'endurance, elle assurerait une cohésion à toute épreuve au sein de l'effectif. Tous l'affirment : ces Grecs seront durs à battre en juillet lors du Tour, *parce qu'ils pensent*. Et Einstein d'enchaîner, joyeux et plein d'allant :

— En résumé, tout ce dont nous manquons, la philosophie peut nous l'offrir à moindres frais ! Aussi ai-je décidé, pour que l'équipe d'Allemagne de cyclisme retrouve les premiers rangs, d'y intégrer des philosophes. Cela peut paraître étrange, mais les philosophes adeptes de la petite reine sont assez nombreux en Allemagne. Je vais donc organiser une sorte de casting, pour sélectionner les meilleurs éléments et pouvoir ensuite affronter ces terribles coureurs grecs à armes égales ! Je compte évidemment sur votre soutien pour que la future sortie de détection se déroule au mieux, et pour m'épauler dans ma prise de décision. Je l'admets : mon idée peut surprendre. Mais vous verrez, elle fera boule de neige et d'ici quelques années il faudra avoir un master en philosophie pour être cycliste !

Les coureurs allemands, en réalité, ont passé le stade de la surprise. Passé même celui de l'abattement. « Un master de philosophie... N'importe quoi ! » Ils sont tout simplement résignés, résignés à suivre ce manager fou, résignés à jouer le jeu.

Nietzsche, une philosophie du sport ?

> « Je ne vous conseille pas la paix, mais la victoire. »
>
> NIETZSCHE

Les liens entre philosophie et sport semblent à première vue ténus. La philosophie a toujours eu tendance à vouloir s'extraire des contingences matérielles, du bassement humain. Elle ne peut dès lors regarder les pratiques sportives que d'un œil supérieur et méprisant – si elle les regarde.

Quant aux différents acteurs du monde athlétique, noyés dans le torrent de l'actualité, ils ne font que trop rarement l'effort de lever la tête pour envisager leur activité sous un nouveau jour, comme un objet à penser.

Philosophes et sportifs ont pourtant tort de s'ignorer les uns les autres, car ils s'intéressent en réalité à la même chose : ce que veut et peut l'humain. Des liens existent entre les deux disciplines, il suffit de les tracer. C'est ce que j'ai souhaité faire en écrivant mon mémoire de master, dont l'intitulé exact était : « Le sport moderne : une mise en application de la philosophie nietzschéenne ? »

Il faut être clair : mon ambition n'était pas de considérer la philosophie de Nietzsche comme un « programme » dont le sport moderne aurait été la mise en pratique. Si une proximité chronologique existe entre Nietzsche (1844-1900) et la renaissance du sport au XIXe siècle (création de la Football Association en 1863, premiers Jeux olympiques modernes en 1896, premier Tour de France en 1903), il eût été artificiel d'envisager l'un comme une préfiguration de l'autre.

Mon travail n'avait pas non plus la prétention d'être « utile ». Il ne s'agissait pas de donner des recettes nietzschéennes permettant d'être un meilleur athlète ! Nul besoin d'être un grand théoricien du sport pour être un champion. Les livres ne me sont que d'un piètre secours quand il faut agir…

Au travers de mon mémoire, j'ai simplement souhaité développer une vision qui se veut personnelle, une vision dans laquelle je prenais le parti de présenter Nietzsche comme une sorte de père caché du sport moderne. Pourquoi ? Tout d'abord pour m'amuser ! Parce que c'était drôle d'imaginer Nietzsche en fondateur du sport, tout comme il est drôle d'envisager Einstein en manager d'équipe cycliste (une autre idée reçue à combattre : les philosophes ne savent pas rire).

Il faut dire aussi que le sujet que j'avais choisi de traiter résonnait avec mon parcours. Nietzsche fut l'un des premiers philosophes que j'ai découverts et assurément celui qui m'a le plus marqué, celui qui m'a donné envie de m'engager dans cette discipline. Quiconque lit Nietzsche se retrouve face à quelque chose de tout à fait inattendu, aux antipodes d'un livre « classique » de philosophie. Non seulement le style – lyrique, emporté – surprend, mais également les thèmes abordés. Au détour d'un aphorisme, Nietzsche peut tout aussi bien nous embarquer dans une envolée métaphysique que nous livrer des conseils diététiques ! Ce philosophe parlait au jeune homme que j'étais. Tout comme il parlait au sportif de haut niveau que je devenais. Il y avait du sens à ce que je lui consacre mon mémoire.

De manière analogue, j'ai une relation particulière au sport. Aussi loin que je me souvienne, l'instinct de compétition, l'envie de gagner m'ont toujours habité. J'avais donc également envie d'intégrer ce qui constitue une part importante de ma vie et de mon quotidien à mon travail de recherche.

On retrouve chez Nietzsche toute une sémantique de la lutte, une mise en avant de l'individu, une glorification de la victoire. Le lien était tout trouvé.

Pour entrer un peu plus dans les détails, je dirais que l'ensemble de mon mémoire tourne autour d'un projet : repenser le sport moderne de manière plus authentique que ses fondateurs historiques ne l'ont effectivement pensé.

Je m'explique : le sport tel que nous le connaissons est porté par un certain nombre de valeurs – fair-play, entraide, universalisme, amateurisme, indifférence à l'égard du résultat, idéal de progrès, etc. Ces valeurs (c'est-à-dire celles de l'olympisme, celles de Coubertin) sont en soi louables. Seulement, à mes yeux, elles ne reflètent pas ce que vit réellement le sportif. En tant qu'athlète, je ne me retrouve pas dans cette idéologie du fair-play érigée en étendard du sport moderne. Pour moi, comme pour tous les sportifs de haut niveau que je connais, l'important n'est pas de « participer » mais bel et bien de gagner ; et, s'il arrive que « l'union fasse la force », c'est toujours en fin de compte pour satisfaire les ambitions de l'individu. Quant à ces ambitions, il est illusoire de croire qu'elles sont atteignables à partir des seuls dons naturels. Être un champion demande du travail : c'est un métier.

En résumé, il me semble que le sport moderne est habité par une forme d'hypocrisie. On masque derrière un paravent publicitaire ce que vit et ce qui meut réellement le sportif – son animalité, son rapport à l'effort… « *You can do it* », et même sans transpirer. Si seulement…

Je pense que la philosophie de Nietzsche permet paradoxalement de mieux décrire le vécu du sportif que l'idéologie olympique en vigueur de nos jours. Moi, cycliste professionnel, je me sens plus proche de l'individualisme assumé de Nietzsche que de l'altruisme de façade aujourd'hui en vogue. L'essence de la compétition n'est pas de rassembler, mais bel et bien d'opposer. Pourquoi aurait-on honte d'avouer que le sport est un combat où il s'agit de battre l'adversaire ? Mieux vaut que nos pulsions animales soient sublimées dans le cadre institutionnalisé de la compétition plutôt que cachées puis libérées de manière désordonnée ailleurs. De la même manière, je trouve que la place du corps dans nos sociétés est aujourd'hui très ambivalente : on lui voue un culte sans vraiment assumer ce culte, en subordonnant toujours la matière à l'esprit. Là encore, la philosophie de Nietzsche me paraît beaucoup plus saine, en tant qu'elle affirme sans demi-mesure le primat du physiologique.

En naissant sous l'influence de personnes telles que Thomas Arnold ou Pierre de Coubertin au XIXe siècle, le sport moderne serait donc mal né, né en désaccord avec ses principes originels développés aux premiers temps de l'olympisme grec. Nietzsche n'eût-il pas été un meilleur père ?

Sortie de détection à De Haan

Bien décidé à mettre en œuvre son idée révolutionnaire d'intégrer des philosophes à son équipe, Einstein a donc réuni les plus grands intellectuels allemands à De Haan. Ces honorables maîtres d'université et autres penseurs géniaux et solitaires ont d'abord été surpris de l'invitation. Ils ont tous fini par y répondre favorablement, intrigués par l'ordre du jour : « détecter des philosophes en mesure de participer au prochain Tour de France ». La curiosité est une grande qualité philosophique. Et puis, Einstein était l'organisateur du rassemblement ; un universitaire, cela sonnait sérieux. Il faut enfin reconnaître que la présence de certains n'était due qu'à une méprise sur l'intitulé de la convocation : l'un d'eux pensait par exemple venir à un colloque consacré à « la détection et la mesure des tours langagiers employés par les philosophes français ».

Celui-ci dut être bien étonné quand Einstein, en guise de discours introductif, invita chacun à monter en selle pour une première sortie collective dans la venteuse plaine flamande. Au fond, se disait l'initiateur du rassemblement, il s'agit tout de même de vélo ; le mieux pour se rendre compte du potentiel des éventuelles nouvelles recrues est encore de se confronter au terrain.

Pour motiver les troupes et faire office de tampon entre les coureurs actuels et ceux susceptibles de le devenir, le manager allemand décida de ne pas suivre le groupe en voiture comme c'est d'usage, mais de participer lui-même à la sortie.

— C'est facile avec un vélo électrique, ronchonna Ullrig.

— Une belle invention, n'est-ce pas ? répliqua Einstein avec un sourire malicieux. D'où l'intérêt de réfléchir avant de faire du vélo !

Sur ce, Einstein enfourcha sa bécane prototypique et démarra en trombe en direction de Klemskerke. Altich, Zadel, Vogt lui emboîtèrent aussitôt la roue. Les philosophes comprirent assez vite qu'ils devaient, eux aussi, se mettre en route. Ullrig suivit le mouvement, en rechignant.

Durant les premiers kilomètres, peu de mots furent échangés. Les coureurs allemands géraient le tempo. Ils restaient entre eux, en tête de groupe, renfrognés, jetant de temps à autre un regard à l'arrière, toisant ceux qui devaient devenir leurs futurs coéquipiers. Ces derniers – les philosophes – auraient bien aimé discuter, comme c'est leur habitude. Mais ils préféraient garder leur souffle pour tenir les roues des professionnels.

Einstein ordonna à ses hommes de ralentir un peu le rythme. Il en profita pour descendre à hauteur d'un philosophe petit et chétif, qui pédalait à l'arrière du peloton sur un très gros braquet.

— Toi, avec ton profil, tu pourrais faire un excellent grimpeur ! Pratiques-tu déjà un sport ? lui demanda Einstein.

— Je fais de la marche. Tous les jours, aux mêmes heures, sur le même parcours, je fais ma promenade quotidienne, répondit celui qui se trouvait être Kant.

— Très bien, reprit Einstein. Et que connais-tu au cyclisme ?

— Il n'est jamais aisé d'établir les limites de ce que l'on connaît et de ce que l'on ne connaît pas. Mais je peux dire que je ne suis pas étranger au sujet, ayant en vue d'écrire un livre consacré à la chose, livre que j'intitulerai : *Critique de la raison vélocipédique*. J'y discuterai des frontières à ne pas franchir à bicyclette : terrestres, mais aussi physiologiques, diététiques, etc. J'y parlerai également de l'utilité pour la circulation du sang d'une de mes inventions, une sorte de bas de contention…

Einstein fut ravi d'entendre tout cela. La marche et le cyclisme sont deux sports d'endurance, ce qui autorise des ponts entre ces disciplines. Et ce Kant avait l'air de maîtriser son sujet. Bien qu'un peu psychorigide et professoral en apparence, il pouvait faire une excellente première recrue ! Sans plus attendre, Einstein décida de jouer franc-jeu et proposa au philosophe d'intégrer l'équipe nationale de cyclisme.

— Où a lieu ce Tour dont vous me parlez ? interrogea aussitôt Kant d'un air suspicieux.

Einstein, surpris, ne répondit pas.

— Sachez que je ne quitte ma ville de Königsberg sous aucun prétexte, poursuivit Kant d'une voix froide et péremptoire. C'est là que je suis né, là que j'enseigne, là que je mène une vie réglée depuis toujours. Königsberg est la condition de possibilité de ma participation à ce fameux Tour dont vous me parlez.

Einstein se tapa le casque, avant d'expliquer au philosophe que le Tour ne pouvait avoir lieu à Königsberg : puisque c'était le Tour *de France* !

À l'évocation du mot « France », Einstein crut déceler une étincelle dans les yeux de Kant, derrière ses lunettes de soleil (bien inutiles au demeurant, au vu du sombre ciel flamand). Il se dit que tout espoir n'était pas perdu, et choisit d'insister :

— Le Tour cette année part de Düsseldorf. Certes ce n'est pas Königsberg, mais cela reste l'Allemagne, non ? Et puis d'ailleurs, que fais-tu ici, en Belgique, si tu ne quittes jamais ta ville natale ?

— J'avais cru comprendre qu'il s'agissait d'un colloque consacré aux tours linguistiques employés par les philosophes français... Car je dois l'admettre : l'Hexagone est mon péché mignon. Savez-vous d'ailleurs quelles sont les deux seules occasions, avant celle-ci, où j'ai été infidèle à mon programme quotidien à Königsberg ? La première fois, c'était pour aller chercher un exemplaire du *Contrat social*, l'ouvrage du grand philosophe français Jean-Jacques Rousseau ; et la deuxième fois, c'était pour me tenir informé de la grande révolte ayant eu lieu récemment en France.

Einstein savait qu'il tenait là de quoi persuader le philosophe de rejoindre l'équipe. Tout en pédalant le long des canaux menant à Bruges, il choisit de jouer sur la corde sentimentale, romantique et francophile qui sommeillait en Kant. Il lui fit rêver des belles villes françaises, il lui parla d'océan et de montagnes : Planche des Belles Filles, Peyresourde, Galibier... Kant émit plusieurs réserves et critiques (un *leitmotiv* chez lui), mais il finit par ployer et accepta.

Einstein, tout à la fois excité et soulagé, voulut embrasser son nouveau coureur. Toujours sur le vélo, il s'approcha de Kant et essaya de le prendre par l'épaule. Le philosophe, encore peu habile, et qui n'aimait pas les contacts physiques, manqua de tomber dans le cours d'eau ! Pour occulter l'incident, Einstein passa de suite à autre chose en évoquant l'entraînement à mettre en place d'ici juillet. Il conseilla notamment à Kant, qui était resté sur le plus gros braquet depuis le départ de la sortie, d'augmenter sa cadence de pédalage en prévision des cols du Tour.

Quel ne fut pas son désarroi quand il entendit le philosophe expliquer qu'il pédalait ainsi pour ne pas monter en température, car il avait la sueur et tous les fluides corporels en horreur ! Comment imaginer courir le Tour sans transpirer ! Au même moment, quelques gouttes se firent sentir. Kant craignit d'être mouillé et décida de faire demi-tour et de rentrer à De Haan. De toute façon, il n'aimait pas ce cuissard qui lui moulait l'entrejambe. À peine recruté, le premier philosophe-cycliste de l'équipe d'Allemagne venait de quitter le navire.

Réinterpréter le sport

> « Pratiqué avec sérieux, le sport n'a rien à voir avec le fair-play. Il déborde de jalousie haineuse, de bestialité, du mépris de toute règle, de plaisir sadique et de violence ; en d'autres mots, c'est la guerre, les fusils en moins. »
>
> George ORWELL

Je reconnais le caractère très idéaliste de ce projet de repenser le sport moderne à partir de la philosophie nietzschéenne. Je n'ai d'ailleurs jamais eu la prétention que lui soit accordée la moindre portée significative. Il s'agissait avant tout de mêler l'agréable à l'utile, en associant dans un travail universitaire imposé deux sujets que j'aimais. Il s'agissait également, au détour de la mise en valeur d'un sport nietzschéen, d'aider à mieux comprendre spécifiquement et la philosophie de Nietzsche, et le sport ; d'un côté en mettant en lumière les errements qui traversent actuellement ce dernier, et de l'autre en prévenant contre les mésinterprétations dont a pu faire l'objet l'œuvre du philosophe allemand.

Deux exemples pour expliciter ce dernier point : les concepts de volonté de puissance et de surhumain, souvent utilisés par certains pour accuser Nietzsche des pires maux (hiérarchisation ethnique des hommes, eugénisme, nazisme…). Appliqués au sport, ces termes pourraient signifier volonté d'écraser l'autre et création de mutants (par tous les moyens, dopage compris). Lire Nietzsche de cette façon serait facile et tentant. Ce serait pourtant une erreur.

Au travers de mon mémoire, j'ai cherché à montrer que la volonté de puissance ne doit pas être comprise comme désir de dominer l'autre ou, pire, de l'exterminer parce qu'il serait plus faible. Pour Nietzsche, cette notion sert plutôt à décrire la tendance naturelle qui pousse chaque être à s'accroître, à se développer. Plus qu'un critère politique de distinction entre les hommes, c'est une pulsion individuelle de vie, une force d'affirmation. En ce sens, s'il est vrai que l'athlète est mû par la volonté de puissance, ce n'est pas en tant que son désir suprême est d'écraser son adversaire ; c'est en tant qu'il est porté par cette pulsion affirmative, cette aspiration irrépressible à croître – le concurrent n'étant qu'un moyen pour cela.

De la même manière, le concept de surhumain doit être manié avec précaution. Il traduit le terme allemand *Übermensch*, littéralement « au-dessus de l'humain » – ce qui pourrait laisser penser que le surhumain appartient à une quelconque race maîtresse et supérieure. Seulement, Nietzsche emploie le préfixe *über* dans un cadre précis, non pas biologique, darwiniste, mais éthique. Le « au-dessus » dont il est ici question sert à désigner le nécessaire appel vers le haut, vers le dépassement de soi, qui doit animer l'humain. Et ce mouvement ascensionnel doit s'opérer *à partir de soi*. Si le surhumain est un humain exceptionnel, un « super-humain », ce n'est pas en vertu de facultés supra-ordinaires, proprement inhumaines, mais parce qu'il est au contraire re-naturalisé, pleinement humain. L'athlète surhumain n'est pas un mutant, aux performances boostées artificiellement, considérant que la fin justifie les moyens ; ce serait plutôt celui qui exploite ses dispositions naturelles (déjà exceptionnelles en soi) de la meilleure manière. Ce serait le champion.

Pour ce dernier, si le sport est une guerre, c'est une guerre « sans fusils ». Ce qui ne veut pas dire que le combat n'existe pas, que l'affrontement est dévoyé, que le résultat importe peu. Si l'adversaire n'est pas un ennemi « à tuer », il n'est pas non plus un ami que l'on serait gêné de dépasser. Pour l'athlète nietzschéen, pour le surhumain, pour le champion, l'adversaire est tout simplement celui qu'il faut battre, pour s'affirmer.

Les limites de l'expérience

Einstein n'eut pas le temps de se lamenter longtemps de la perte de Kant, son ex-future recrue. Sitôt celui-ci parti, son attention fut portée sur un autre cycliste, qui commençait à perdre quelques longueurs sur le reste du groupe. C'était Schopenhauer, l'auteur du *Monde comme volonté et comme représentation*. Certes le rythme avait accéléré de nouveau, mais Schopenhauer était de constitution robuste, et il ne paraissait pas souffrir. Aussi Einstein s'étonna de le voir se laisser distancer.

« Ce n'est pas parce que je ne grimace pas que je ne souffre pas », lui expliqua le philosophe, pourtant loin d'être à bout de souffle. « La souffrance est partout et permanente. Elle est le fruit de la lutte pour la vie qui régit toute chose en ce monde. À quoi bon participer à cette lutte ? À quoi bon vouloir vivre ? À quoi bon accompagner le mouvement de l'existence ? Je préfère encore décélérer, et pédaler seul, à mon rythme, en contemplant les longues étendues de la plaine flamande. Je préfère encore m'ennuyer que souffrir. Regardez ces jeunes gens, pleins d'allant, qui appuient sur les pédales sans calculer. Dans quel but ? Vers quelle direction ? Las, je lâche. »

Einstein sentait le nihilisme schopenhauerien s'emparer peu à peu de lui. Avant de sombrer lui-même, il se reprit et décida de laisser à son sort le philosophe en manque de volonté. Il boosta un peu le moteur de son vélo électrique, de sorte à rejoindre la tête du petit peloton. « On prend vers Nieuwport maintenant les gars, Nieuwport ! » Il fallait leur indiquer la direction.

En remontant le groupe, Einstein vit les visages des coureurs marqués. Hegel, quoique content de savoir que son rival Schopenhauer avait renoncé avant lui, regrettait sa tranquille chaire de professeur à l'université de Berlin. Husserl, le dos de plus en plus voûté, se repliait littéralement sur lui-même, en bon phénoménologue. Quant à Leibniz, l'expression déformée par l'effort, il en venait à douter de vivre dans « le meilleur des mondes possibles », tant il souffrait. Même Ullrig, pourtant abrité dans les roues, semblait s'employer pour suivre le rythme des coureurs de tête.

Qui diable pouvait bien mener pareil tempo ? À coup sûr c'étaient Vogt et Altich qui voulaient marquer leur suprématie…

Ils étaient en tête en effet. Mais ils n'étaient pas seuls : Nietzsche rivalisait avec les deux rouleurs, se tenant sur la même ligne qu'eux, en dépit du fort vent de face ! Il ne reculait pas d'un mètre. Mieux encore, il s'efforçait de maintenir une demi-roue d'avance sur Vogt et Altich, affirmant sa puissance – ce qui avait le don d'énerver Altich qui, l'air de rien, venait frotter de temps en temps le philosophe pour l'intimider.

Einstein savait que Nietzsche était sportif, qu'il pratiquait lui aussi de longues marches en montagne, sur les hauteurs de Nice ou à Sils-Maria en Suisse. Mais il ne se doutait pas qu'il s'entraînait également à vélo. Car, pour être à ce niveau, il fallait assurément être entraîné, avoir enchaîné les sessions de *home-trainer* et enduré des sorties par tous les temps. Ou bien peut-être étaient-ce les effets de l'altitude, Sils-Maria étant situé à mille huit cents mètres au-dessus de la mer ? Ou alors ce Nietzsche était-il tout simplement surhumain…

Quoi qu'il en soit, Einstein se dit qu'il ne pouvait cette fois laisser échapper un tel talent. Ce Nietzsche, c'était de la dynamite ! Il fallait l'enrôler au plus vite. Aussitôt parvenu à la hauteur des trois coureurs de tête, le manager cria au philosophe qu'il pouvait désormais se considérer comme membre de l'équipe d'Allemagne de cyclisme. Einstein pensait avoir été au bout de ses surprises pour la journée. C'était compter sans la réaction du philosophe : ce dernier refusa l'offre, expliquant qu'il ne voulait pas être intégré à un collectif. Il craignait que son individualité ne se diluât dans la masse. Sur ce, il remit une dent et accéléra encore. Vogt, Altich et les autres, résignés et impuissants, le laissèrent s'envoler.

Le départ de Nietzsche permit une accalmie dans le groupe. Einstein en profita pour se retourner et juger de l'état des forces en présence. Le constat fut assez pitoyable : le groupe s'était considérablement réduit, et ceux qui restaient crachaient leurs poumons. La plupart des philosophes (ainsi qu'Ullrig) avaient été lâchés. Einstein était dépité. Il commençait sérieusement à douter de ce concept de « cycliste-philosophe ». C'est alors que Marx se manifesta :

— Moi je… je crois énormément en la… en la force du collectif ! Sans… union… point de lutte… possible !

Marx était visiblement essoufflé, mais il avait le mérite de s'être accroché. Ce n'était sans doute pas une recrue révolutionnaire. Mais bon, Einstein n'avait plus vraiment le choix. Il fallait composer avec ce dont il disposait. Marx fut admis dans l'équipe, sans plus de liminaires.

Un autre philosophe avait pu suivre, et il désirait manifestement le faire entendre :

— Moi aussi, je suis là ! Je suis là !

C'était Martin Heidegger, l'inventeur du concept de *Dasein*, littéralement de l'« être-là ».

— Je suis là !

— Tu peux cesser de crier, Martin, le calma Einstein d'un ton blasé. On t'a entendu.

Un peu douché dans son enthousiasme, Heidegger crut bon de se justifier :

— C'est qu'il est important que le *Dasein* se déploie dans le monde. La question ontologique, certes fondamentale, ne doit pas occulter l'importance de l'existence, qui en est son corollaire. Pour trouver l'être de l'étant, il faut s'intéresser à l'étant lui-même. Être-là, c'est avant tout être au monde. Mais pardonnez-moi : je simplifie les choses, je fais des raccourcis, tout ceci est grossier…

— Tu sais, peu importe le contenu de la philosophie…, le rassura Einstein, désabusé, l'œil hagard. Je cherche simplement des philosophes-cyclistes…

— Je suis votre homme. Car quoi de mieux que le cyclisme pour dévoiler la temporalité extatique du *Dasein* ? Quoi de mieux que l'outil à roues pour nous renseigner sur l'ère de la technique, forme achevée de la métaphysique ?

— C'est bon, pas besoin de nous faire un cours. Tu fais partie de l'équipe allemande. D'ailleurs, tous ceux qui le veulent font désormais partie de l'équipe !

Cela ne concernait plus que Freud, dernier philosophe à être encore présent dans le groupe. Il était resté en retrait et silencieux toute la sortie, à tel point que personne ne l'avait encore remarqué. Quand Einstein s'intéressa à lui, il vit un coureur que l'effort avait rendu quasi inconscient. Le manager se demandait ce qu'il allait bien pouvoir faire avec lui. Plus généralement, il se demandait ce qu'il allait bien pouvoir faire avec cette équipe de pseudo-vélosophes, tant il transparaissait que, pour eux, la réflexion était séparée de l'action.

Désillusionné, Einstein indiqua à ses coureurs de rentrer au plus court en direction de De Haan. Marx prit la tête, plein de fougue, motivé à l'idée de transformer le cyclisme de l'intérieur.

Heidegger quant à lui restait à l'arrière, dans la roue de Freud, arborant un sourire extatique. Pourtant, quelques kilomètres avant de rejoindre le camp de base du stage, sur la route entre Bredene et De Haan, son expression changea. Il parut tout à coup angoissé, et vint discrètement s'émouvoir de son souci auprès d'Einstein :

— En revanche, coach, j'ai une exigence, chuchota-t-il. Je souhaiterais que l'équipe ne soit composée que d'Allemands pure souche. Question de *Volksgeist*, vous comprenez. Ce Freud, je ne le sens pas vraiment…

— Pourquoi donc ? Est-ce parce qu'il est autrichien, tout comme moi ?

— Non, non… Cela, passe encore. Le problème est ailleurs…

— Le problème est-il que Freud soit juif, tout comme moi ?

— Comment ça, Einstein, vous êtes juif ?

À cet instant, une violente bourrasque s'introduisit entre deux pâtés de maisons. Einstein et les autres furent déstabilisés mais ils ne chutèrent pas. Heidegger en revanche fut emporté par la force du vent, et dut tirer tout droit dans une dune, où il tomba de manière assez ridicule.

Einstein ne s'arrêta même pas. Au contraire, il poussa son moteur à puissance maximale, de sorte à s'échapper du groupe et rentrer au plus vite. L'« exigence » d'Heidegger avait été le coup de grâce. Elle avait servi de révélateur à Einstein : sa destinée n'était pas d'être manager, meneur d'hommes ou de représenter un pays. Il était déçu de l'usage fait de ses idées, auxquelles personne n'était sensible. Les cyclistes allemands de profession le voyaient comme un étranger, un universitaire déconnecté du terrain. Jamais ils ne virent les avantages que le savoir théorique aurait pu leur apporter. Et le bilan était encore pire avec les philosophes, habiles en paroles, mais trop souvent incapables de bien agir.

Il fallait se rendre à l'évidence : avec deux abandons, un individualiste patenté, une palanquée de lâchés, et trois recrues fort douteuses, l'expérience des philosophes-cyclistes était un échec. Einstein comprenait maintenant qu'à trop vouloir objectiver les choses, à vouloir transformer le cyclisme en science, on en perdait l'essentiel : pédaler, avancer. Or, se dit-il, « la vie c'est comme la bicyclette : il faut avancer pour ne pas perdre l'équilibre ». Analyser, découper, disséquer – tout cela a un sens, à condition que l'on s'en serve pour construire. Que permettent de construire esprit critique, interrogations existentielles, discours incompréhensibles – toutes ces choses que l'on appelle philosophie ?

Aux yeux d'Einstein, la conclusion était claire : la spéculation théorique ne sert pas à faire du vélo, pas plus qu'elle ne sert à vivre. Et avoir un master de philo ne rend ni meilleur en vélo, ni meilleur tout court...

C'était acté : il démissionnait.

Dialectique du leader et des équipiers

Pendant qu'Einstein, mélancolique, se perdait dans ses pensées, seul dans le froid du Nord, les Grecs de leur côté s'entraînaient en Sicile, sur les flancs de l'Etna, avec une autre conception de la philosophie.

Cette dernière, à leurs yeux, devait avant tout permettre de se construire en tant qu'homme. Pour un Grec, l'analyse séparatrice n'avait de sens que si elle précédait une synthèse élévatrice. Pour un Grec, la philosophie en somme devait être tournée vers la vie...

— Ne crois-tu pas, Platon, que *philosopher c'est apprendre à mourir* ? (C'était Socrate qui dialoguait avec Platon dans la montée de l'Etna.)

Comment ça, « philosopher c'est apprendre à mourir » ? On vient tout juste d'expliquer que les Grecs avaient développé une philosophie de la vie, une philosophie centrée sur l'action, et voilà que Socrate affirme l'inverse ! C'est à n'y plus rien comprendre !

À l'instar du narrateur, Aristote est déboussolé par les propos tenus par son illustre aîné. Il décide de clarifier les choses. Alors que Platon souscrit aux paroles de Socrate, glosant sur le fait que l'on pourrait peut-être considérer, en un sens, que *pédaler* c'est aussi apprendre à mourir, le jeune ambitieux – qui se tenait jusqu'alors dans les roues des deux autres coureurs – attaque franchement, marquant ainsi son désaccord. Au passage, il lance à la dérobée : « Philosopher, c'est apprendre à *gagner* ! »

Aristote creuse rapidement un écart conséquent. Platon réagit avec un temps de retard. Décidé à corriger son rival, il pédale à mort pour rejoindre l'homme de tête. Mais il a entamé son effort trop tard : toute l'ascension, les deux hommes resteront à une centaine de mètres l'un de l'autre. Quand Aristote atteint le premier le Rifugio Sapienza (auberge d'altitude où les Hellènes ont établi leur base pour ce stage), il se sent fort comme s'il avait gagné une étape du Tour. Platon arrive une vingtaine de secondes plus tard, le souffle coupé, et le regard mauvais.

Socrate quant à lui est monté à sa main, la force tranquille. Par expérience, il sait que l'entraînement n'est pas la course, et qu'un stage en hypoxie est éprouvant, l'air étant raréfié en oxygène en altitude. On a vite fait de se cramer sur l'Etna. Aussi ne s'est-il pas pris au jeu, grimpant quinze minutes moins vite que ses coéquipiers.

Il ne retrouve ces derniers qu'un peu plus tard, une fois changé, à l'occasion de la collation. Aristote est assis à une extrémité de la table à manger où il se sustente goulûment, le nez dans l'assiette, de *maccheroni alla norma*. Platon se tient à l'opposé, près de la fenêtre, et il se contente de quelques dattes et figues en observant le sommet de la montagne, comme s'il fomentait une revanche. Les deux hommes s'ignorent majestueusement. Sur les murs, on peut lire quelques maximes affichées par Socrate lui-même au début du stage : « rien de trop », « connais-toi toi-même », ou encore « tout ce que je sais, c'est que je ne sais rien ».

Après s'être servi en salade, grecque bien sûr, Socrate prend à partie les deux jeunes coureurs :

— Mes amis, vous êtes enthousiastes, ambitieux, téméraires. C'est bien : comme dit l'autre, rien de grand ne s'est jamais fait sans passion. Notre sport est si dur. Il faut avoir la flamme pour escalader pareil volcan à la force de ses mollets. Cependant, laissez-moi vous poser une question : pensez-vous qu'un homme qui se laisse guider par ses émotions soit maître de lui-même, et de son destin ? Vous êtes différents, c'est un fait. Est-ce pour cela que doit s'installer entre vous un différend ?

— Ne vas-tu pas arrêter avec tes questions, Socrate ? l'interrompt vindicatif Aristote, levant le nez de ses pâtes. Tu as dit que tu en poserais une, et tu viens déjà d'en poser deux. Qui plus est en usant de rhétorique, en jouant sur les mots, de sorte à égarer tes interlocuteurs. Et vois-tu, il en est toujours ainsi avec toi : quand tu « philosophes », tu cherches, non pas à être compris, mais bien plutôt à ne pas l'être ! Comment veux-tu que la philosophie paraisse sérieuse, si tu uses sans cesse d'artifices et de dérobades ? Comment veux-tu que le lecteur trouve un sens à ce bouquin, si ton seul but est de l'embrouiller ? En vérité, je vais te dire, Socrate : tu philosophes comme tu pédales, en sophiste, c'est-à-dire dans le vide !

Aristote n'avait jamais parlé à Socrate sur ce ton. Il ne l'a pas laissé transparaître, mais il a un peu peur de celui qui est la figure de proue du cyclisme grec depuis plus d'une décennie. Aussi craint-il sa réaction… Celle-ci ne vint pas. Socrate se servit une cuillerée d'huile d'olive qu'il but cul sec. Ce fut tout.

Alors Aristote s'attendit à ce que Platon intervienne, et prenne la défense de son leader. Au tour du petit protégé de protéger son protecteur, pensa-t-il. De fait, Platon se retourna, cessant de contempler la montagne. Il avait le regard noir et l'air agressif. Aristote s'attendait au pire. Mais, ô surprise, ce fut Socrate que Platon attaqua :

— Aristote a raison, explosa-t-il. Tu la joues grand sage, Socrate. Mais tu es surtout un grand illusionniste ! Est-ce cela la philosophie pour toi : user d'artifices pour perdre ses auditeurs ? Avancer une chose, puis son contraire, et dire que c'est un paradoxe ? Tu sais que je t'ai toujours défendu, sur et en dehors du vélo. Je t'ai toujours abrité du vent quand il le fallait. Je t'ai toujours placé là où tu me le disais à l'approche des points stratégiques. Et j'ai toujours mis en valeur tes performances auprès des médias, parce que je me disais que je participais de celles-ci. Mais j'en ai maintenant par-dessus le casque ! Je réalise qu'au bout du compte, c'est toujours toi, Socrate, qui prends la lumière, toi que l'on acclame en haut des montagnes lors des arrivées au sommet ; tandis que moi, travailleur de l'ombre, prisonnier de mon rôle d'équipier, je n'ai droit à aucune reconnaissance ! Tu me répètes toujours que mon heure viendra. Mais désormais je me rends compte que si je ne m'impose pas, personne ne me laissera accéder aux sommets. Tu fais même tout pour nous en barrer la route, à moi et à Aristote, en nous laissant nous opposer l'un à l'autre, sans que jamais tu tranches entre nous deux, sans que jamais tu te départes de tes discours flous qui n'ont d'autre but que de créer la discorde au sein même de ton équipe. Diviser pour mieux régner, telle est ta stratégie ! Ah, elle est belle la philosophie du grand Socrate… En voilà un beau leader. Quel exemple pour tous les apprentis cyclistes ! Dire que « philosopher, c'est apprendre à mourir » : pff, quelle absurdité ! Alors que partout tu répètes que la philosophie doit être une pratique ! Tu n'as décidément pas peur du non-sens. Et moi d'ânonner que « pédaler, c'est apprendre à mourir » : je suis bien idiot… J'*étais* bien idiot, car c'est fini tout cela. Faut arrêter de prendre Platon pour un con !

Je vais tracer ma propre route désormais, ma route vers les sommets. Philosopher, c'est apprendre à s'émanciper. Mes coups de pédale m'appartiennent. Aristote et moi serions des hommes gouvernés par les passions, expliques-tu ? Peut-être, mais alors permets-moi de te dire que, toi, tu es un coureur du passé. La jeunesse au pouvoir ! Pas vrai, Aris' ?

Aristote ne réagit pas. Il n'en croyait pas ses yeux. Était-ce bien Platon, le disciple inconditionnel, qui se révoltait ainsi contre son maître ? Peut-être l'effort dans l'Etna avait-il été trop violent, au point d'avoir fait perdre à Aristote toute lucidité… Non, c'était bien vrai : Platon venait de tuer le père. Et voilà qu'une nouvelle hiérarchie et qu'un nouveau jeu d'influence se mettait en place au sein de l'équipe grecque, alors qu'il semblait admis que Socrate serait le leader unique en vue du Tour. Le cyclisme est décidément bien compliqué, parfois plus que la philosophie.

Alors que Platon reprenait son souffle, encore sous le choc du parricide qu'il venait de commettre, Socrate – qui avait jusqu'alors écouté sagement, sans manifester aucun agacement – émit son petit toussotement caractéristique et prit la parole :

— Mes amis, je vous ai compris. J'entends les reproches que vous me faites. Je reconnais que mes attitudes peuvent étonner, voire agacer. Mon démon peut s'avérer irritant… Aussi avez-vous raison de vouloir abattre ce démon. Vous avez raison de vouloir renverser les idoles, de vouloir me renverser. Je vais même vous faire une confidence : j'attendais ce moment, celui où vous vous affranchiriez de moi. Tu dis, Platon, que mes propos vagues n'ont d'autre but que de semer le trouble parmi vous, mes jeunes coéquipiers, de sorte qu'aucun de vous deux ne prenne assez d'importance pour venir contester mon statut de coureur protégé. En réalité, c'est tout le contraire : si je ne tranche jamais, si je me contente de poser des questions, c'est pour vous laisser libres de vous imposer, libres de trouver par vous-mêmes les réponses. Je pense que ce moment est venu : il est temps que vous pensiez et pédaliez par vous-mêmes. Je le dis donc solennellement : j'ai décidé de me retirer de la vie vélosophique.

Aristote fit répéter à Socrate ce qu'il venait d'entendre. Comment cela, se retirer de l'équipe, quelques mois avant le Tour, l'apogée de sa carrière ? C'était un vrai séisme ! L'Etna fût entré en éruption qu'Aristote et Platon n'en eussent pas été plus abasourdis. Certes, ils s'étaient avec virulence érigés contre l'emprise de Socrate sur l'équipe, mais jamais ils n'avaient eu à l'esprit de le pousser vers la retraite. Ils voulaient clarifier les choses, simplement pour que le lecteur s'y retrouve un peu. Ils n'ont fait que rajouter de la confusion. Le début de saison des coureurs grecs était jusqu'à présent presque idéal, en dépit de quelques dissensions internes. Las, le départ de Socrate est un véritable suicide. Qu'est-ce que les Grecs iront faire sur le Tour, dépourvus de leur élément le plus performant et expérimenté ? Socrate ne peut pas leur infliger cela !

— Et pourtant, il faut que je vous dise : ma décision est prise, je m'en vais déserter.

— Mais pourquoi donc ?

— Parce que vous êtes maintenant en mesure de vélosopher par vous-mêmes. Voyez-vous, quand je disais que « philosopher, c'est apprendre à mourir », je voulais signifier que la philosophie a pour but de nous faire prendre conscience de la part immortelle en nous. Rien de plus. J'ai vu que vous vous étiez emparés de cette question : toi, Platon, en soutenant que *pédaler* nous apprend à mourir, en tant que la déambulation vélocipédique nous détache paradoxalement de nous-mêmes ; et toi, Aristote, en affirmant que le cycliste a pour but d'emporter la victoire, qui est une autre forme d'immortalité. Vous avez pris position. Vous vous êtes opposés l'un à l'autre – y compris corporellement. Vous vous êtes opposés à moi. C'est bien. Car en vérité, je vais vous dire ce que c'est que philosopher : c'est interpréter. Ce n'est pas vouloir comprendre le monde ou encore moins le changer – non, c'est s'engager personnellement dans un problème, pour en livrer sa vision. Bien sûr, les théories philosophiques générales sont importantes ; mais ce qui est plus important, c'est d'expérimenter soi-même ces théories. La philosophie demande à être vécue. Éprouver plus que disserter… « Apprendre à mourir » : vous l'aurez compris, dans cette formule le mot primordial est donc « apprendre » – une activité résolument située dans le camp de la vie. Vous avez beaucoup appris ces derniers mois, tant appris qu'il est maintenant temps pour moi de mourir afin de vous laisser le champ libre. À vous de prendre la relève. À votre Tour !

Sur ces mots, Socrate se lève, toujours avec calme, le même calme qui ne l'avait pas quitté pendant son discours. Il se dirige vers les petits écriteaux où sont inscrites les maximes philosophiques qui régissaient la vie des Grecs depuis le début du stage. Sous les yeux médusés d'Aristote et de Platon, il les détache un à un, à l'exception d'un seul : « Rien n'est trop difficile pour la jeunesse. »

Comme pétrifiés, les deux jeunes coureurs ne réagissent pas quand Socrate quitte la pièce. À peine Platon entame-t-il un geste pour retenir son leader… D'un regard, ce dernier lui fait comprendre qu'il est inutile de vouloir le faire revenir sur sa décision.

Avant de sortir du Rifugio Sapienza, Socrate prend tout de même le soin de récupérer son vélo. Chose étrange, une fois dehors, il ne dévale pas la pente en direction de Catane et de son aéroport, mais prend le chemin gravillonné menant vers le cratère du volcan. Platon et Aristote le regardent s'éloigner dans les nuages, échangeant de temps à autre quelques regards interrogateurs.

Socrate est maintenant hors de vue. Inquiets, perdus, Platon et Aristote partent à sa recherche, sur les hauteurs du volcan. Ils hurlent son nom. Leurs voix s'éteignent dans le vent violent qui balaie la montagne. Ils tentent de distinguer une silhouette. Rien d'autre que du brouillard.

Arrivé au bord du cratère, Platon découvre une chaussure de vélo, une seule, celle de Socrate. Ce dernier se serait-il réellement suicidé en se précipitant, tel Empédocle, dans les profondeurs de l'Etna ? Platon sent un poids énorme s'écraser sur ses épaules. Le poids de la perte. Le poids des espoirs du cyclisme hellène qu'il faudra porter lors du prochain Tour de France.

Quelques semaines plus tard, les Grecs – sans Socrate – s'alignèrent sur les classiques de début de saison : Tour des Flandres, Paris-Roubaix, Flèche Wallonne, Liège-Bastogne-Liège... Malgré ce stage intensif sur les pentes de l'Etna qui leur avait conféré une condition physique très correcte, les résultats ne furent pas ceux escomptés. Avoir les jambes ne suffit pas toujours... Non pas que les Grecs péchèrent par stupidité ou par excès de confiance – ils manquaient simplement d'expérience sur ces courses dont on dit qu'il faut y avoir participé au minimum dix fois avant d'espérer les maîtriser. Manque d'économie dans l'effort, mauvaise gestion de l'alimentation, problèmes d'habillement, erreurs de placement aux points stratégiques : autant d'éléments que Platon et Aristote devaient encore apprendre.

Les coureurs allemands quant à eux n'étaient toujours pas dans la forme de leur vie. Ils se montrèrent cependant sous un meilleur jour qu'en tout début de saison. Ils surent compenser leur relative faiblesse physique par une finesse tactique exemplaire. Point d'orgue de cette campagne des classiques : la victoire d'Altich sur le Tour des Flandres, au terme d'une course d'école, où l'on vit Marx se glisser dans l'échappée matinale pour servir de point d'appui au rouleur allemand dans le final. Altich – ayant un équipier à l'avant – n'avait pas eu d'effort à fournir pour revenir, ce qui lui permit de conserver assez de fraîcheur pour s'imposer au terme d'un sprint en petit comité qu'il manœuvra parfaitement. Même après avoir démissionné de son poste de manager de l'équipe, il semblait bien qu'Einstein continuait de lui imprimer sa marque.

L'honneur était sauf pour les Allemands, qui pouvaient retourner à l'entraînement avec un peu plus de confiance en vue du Tour. Les Grecs de leur côté étaient certes battus mais pas abattus. Leurs déconvenues avaient décuplé leur motivation. C'est ainsi que fonctionne la jeunesse ! Il restait encore deux mois avant le grand rendez-vous de juillet. La préparation reprenait de plus belle.

Comment faites-vous pour gravir des cols effrayants sans paraître souffrir ?

« La vie est l'ensemble des fonctions
qui résistent à la mort. »
Xavier Bichat

Peut-être vous étonnez-vous que la partie que je consacre à la préparation des coureurs en vue du Tour soit si longue ? C'est que la part de l'entraînement dans le quotidien d'un cycliste est prépondérante. Pour quatre-vingts jours de course dans l'année, il y a deux cent quarante jours d'entraînement. Derrière un effort de cinq minutes en compétition – qui peut décider du destin d'une course, d'une saison, d'une carrière, d'une vie –, il y a une répétition inlassable d'efforts chez soi, seul.

Le spectateur ne voit pas ce qu'il y a derrière le rideau quand il regarde une course. À observer des coureurs escalader des cols à plus de dix pour cent sans paraître souffrir, il se dit qu'être cycliste n'est finalement pas très compliqué : il suffit d'appuyer sur les pédales. Ah, si seulement…

« À entraînement difficile, course facile », a-t-on coutume de répéter. Le cycliste en compétition est tel un gymnaste en représentation : il exécute des numéros périlleux et extrêmement physiques avec sérénité, presque en souriant, comme si c'était instinctif. Le spectateur ne voit en fait que la partie émergée de l'iceberg.

La partie sous-marine est pourtant bien plus importante, et c'est là que se rencontrent tous les écueils. La liste est longue, presque infinie. Il y a bien sûr les pépins physiques : blessures, maladies, douleurs posturales… Les impondérables à gérer : malchance, problèmes mécaniques, chutes… Les moments de doute, de stress, de fatigue, d'ennui font également partie du quotidien du cycliste, de même que tous les maux impliqués par la vie en groupe : tensions au sein de l'équipe, concurrence, éloignement familial…

La préparation du cycliste est une piste parsemée d'embûches. Face à tous ces obstacles, l'athlète se construit comme un éternel insatisfait. Il y a toujours quelque chose qui ne va pas, quelque chose qui pourrait aller mieux.

La grande force des champions tient en leur capacité à tirer profit de leur insatisfaction, à affronter les problèmes qu'ils rencontrent pour mieux les dépasser, pour mieux se dépasser. Appelons cela d'un mot à la mode : résilience.

Altich est résilient quand il remporte le Tour des Flandres après un début de saison raté. Platon et Aristote sont résilients quand, abandonnés de Socrate, sortant d'une campagne de classiques anonyme, ils reprennent leur préparation avec encore plus d'envie.

« Ce qui ne me tue pas me rend plus fort » : cette formule aussi est à la mode. Peu de gens savent qu'elle est de Nietzsche, et qu'elle ne relève pas du psychologique, mais bel et bien du physiologique, éclairant parfaitement ce qui se joue dans l'entraînement sportif.

Lors de mes deux premières années professionnelles, j'ai à chaque fois été victime de blessures aux genoux en début de saison, dont l'une a même nécessité une opération. Pendant plusieurs mois, je n'ai pour ainsi dire pas pu m'entraîner. On me promettait déjà une saison blanche. On me disait que le travail foncier hivernal manqué était irrécupérable. J'ai pourtant fait plus que le récupérer : j'ai dépassé le niveau qui aurait été le mien suite à une préparation traditionnelle. Mes arrêts forcés en début de saison m'ont à chaque fois permis d'être plus fort en fin de saison, plus fort que si je n'avais rencontré aucun contretemps. L'homme a besoin qu'un aiguillon le pique pour avancer. Le corps a besoin d'être attaqué pour se fortifier.

D'où vient ce miracle physiologique ? Comment expliquer ce paradoxe qui fait que d'un mal peut advenir un mieux ? Je mettrais encore en avant l'intelligence du corps, capable de se prémunir de futures récidives après une agression. Voyez plutôt :

un os fracturé ne recassera jamais au même endroit, car le corps aura renforcé la zone endommagée ; de même, un organisme victime d'une petite infection virale se montrera par la suite plus résistant, comme après une vaccination.

L'entraînement sportif repose sur le même principe. S'entraîner, c'est fatiguer son corps, diminuer ses réserves, afin qu'ensuite, pendant le temps de récupération, il puisse reconstituer ces réserves – plus un petit excédent, au cas où. Les sportifs connaissent ce mécanisme fameux sous le nom de surcompensation. À présent ils sauront que Nietzsche en est le théoricien caché !

Cachez ce néant que je ne saurais voir

Dans les Pyrénées sauvages, majestueuses et effrayantes, un homme fait du vélo. Il escalade un col méconnu, le port de Balès. Il est seul, divinement seul. Pas un bruit. Pas une âme. Des montagnes désertes à perte de vue. Le cycliste est bien.

Ce cycliste s'appelle Pascal. Enfant précoce, Pascal a commencé le vélo très tôt. Il se rappelle qu'à trois ans à peine, il pédalait déjà dans les ruelles de Clermont, ville où il grandit. Il gravit pour la première fois le puy de Dôme à sept ans. À douze, il se promenait régulièrement à deux roues sur plus de cent kilomètres dans les monts d'Auvergne, élargissant peu à peu le cercle de ses excursions.

La passion de Pascal pour la bicyclette ne s'est jamais démentie. Devenu adulte, il continua à rouler quasi quotidiennement, en parallèle de son activité de théologien célèbre. Monté à Paris, il enchaînait les petites bosses de la vallée de Chevreuse, ou bien longeait la Seine comme s'il voulait en déplier tous les méandres. Ce qu'il préférait pourtant, c'était la montagne, et ses longues ascensions vous plaçant face à vous-même. Dès que Pascal en avait l'occasion, il s'évadait de la capitale pour se diriger, à vélo bien sûr, vers son cher Massif central, vers les Alpes, les Pyrénées, et encore au-delà.

Le vélo est un sport difficile, et beaucoup des collègues universitaires de Pascal s'étonnaient qu'un intellectuel de son acabit trouvât plaisir à enfourcher cette machine infernale, quand rien ne l'y obligeait. Mais Pascal savait pourquoi il pédalait. Il n'avait pas peur de la souffrance. Selon lui, souffrir était le lot de tous. L'homme est un être naturellement malade, répétait-il souvent. Plutôt que d'occulter cette nature, Pascal pensait qu'il fallait l'assumer. Pour ce faire, quoi de mieux que de parcourir les routes de France et de Navarre à la seule force de ses mollets ?

Si Pascal pédalait, c'était pour sentir cette tension dans les muscles pendant l'effort, cette décharge électrique parcourant tout le corps au réveil le matin, cette fatigue si constante qu'elle devient un état habituel. Si Pascal pédalait, c'était pour perdre pied, rêver, méditer, communier avec ces paysages grandioses l'encerclant – et avec Celui qui en est la cause.

Voilà pourquoi Pascal est heureux pendant qu'il escalade le port de Balès. Il sait qu'un ordre préside à cette douleur qui lui brûle les cuisses, à cette pente qui cherche à l'enfoncer dans la vallée et contre laquelle il lutte, à ces cimes qui se dessinent si loin et à ce soleil qui les illumine. Grimpant, souffrant, Pascal avance solitaire et joyeux vers ce Dieu qui l'attend.

C'est alors qu'un bruit de dérailleur se fait entendre. Pascal sursaute. Un coureur le dépasse, en danseuse ! L'autre cycliste est passé sans mot dire, sans même jeter un regard. Pascal est vexé. Crachant tous ses poumons, il accélère pour revenir à hauteur de l'importun. Arrivé à portée de voix au prix d'un effort immense, il halète :

— … Qui es-tu… l'ami ? Et pourquoi… pourquoi grimpes-tu aussi vite ?… C'est surhumain ! Ne préfères-tu pas… ralentir, pour profiter de ce spectacle épous… époustou… divin !

— On me surnomme le cobra, pour mes attaques tranchantes dans les bosses, lui répond le cycliste, sans paraître essoufflé. Ou bien l'aigle de Sils-Maria, pour ma capacité à m'envoler en montagne. Ou encore Zarathoustra, le grimpeur aux pieds déliés. Mais mon vrai nom est Nietzsche. Tu me demandes pourquoi je grimpe aussi vite. L'explication est simple : je prépare actuellement le prochain Tour de France, qui empruntera cette route. Quant à ce spectacle divin que tu évoques, je t'avoue mon étonnement. Ne sais-tu pas que Dieu est mort ? Ne sais-tu pas que depuis que nous l'avons tué, il n'y a plus d'ordre, plus rien de sacré ? Pédaler pour pédaler est vain. Aucun paysage ne peut plus être contemplé, aucune œuvre divine admirée. Tu pédales dans le vide, cyclo. L'effort sans but est insensé. Comme toute autre chose d'ailleurs…

— Mais si Dieu n'existe pas, alors tout est permis..., s'inquiète Pascal.

— Tout est permis, en effet ! Si tout est vide et folie, alors il incombe à nous humains de combler ce vide et de redonner du sens. Nous avons destitué Dieu. Nous devons trouver comment le remplacer. Nous devons inventer de nouveaux jeux sacrés. C'est pour cela que je participe au Tour. Car, vois-tu, la compétition est mon nouvel absolu, un absolu que je me suis choisi. Mais trêve de lyrisme, il faut que je m'entraîne. Je te laisse. Et rappelle-toi, touriste : il est bon de suivre sa pente, pourvu que ce soit en montant !

Ainsi parla Zarathoustra, qui derechef se mit en danseuse et déposa Pascal. Ce dernier n'essaya même pas de le suivre, abattu par le discours qu'il venait d'entendre. Voyant Nietzsche disparaître au lointain dans les lacets de Balès, il s'interrogeait sur les raisons qui le poussaient lui à rouler autant depuis son plus jeune âge. Se pourrait-il que ce prophète en cuissard ait raison ? Se pourrait-il que l'ordre divin soit une illusion ? Se pourrait-il qu'aucune instance supérieure ne préside à la destinée du monde, que ces paysages grandioses ne signifient rien, que la souffrance soit vaine ?

Pascal s'enfonçait peu à peu dans le néant. Une lassitude profonde s'emparait de lui. Il n'avait plus aucune force pour pédaler, plus aucune envie. À quoi bon ? se disait-il. Vanité des vanités. Tout est vanité !

Nietzsche n'était plus visible depuis déjà longtemps. Pascal était de nouveau seul, désespérément seul. Il pédalait par saccades, si lentement qu'il manquait perdre l'équilibre à chaque rotation. Il regardait autour de lui. Pas un bruit. Pas une âme. Seul le vide pesant de la montagne. Le soleil tapait de plus en plus fort, n'offrant rien de nouveau. Un soleil noir.

Soudain, Pascal mit pied à terre. Son sentiment de vacuité se transformait en angoisse. Paniqué, jetant son vélo sur le bord de la route, il cria :

— Le silence éternel de ces espaces infinis m'effraie !

Il resta quelques instants prostré, assis à côté de son vélo, attendant un appel, cherchant une voie. Mais aucune voix ne se fit entendre. Peut-être Dieu était-il bel et bien mort…

Pascal songea alors à redescendre dans la vallée, dans la civilisation, auprès des hommes. Il en avait fini avec le cyclotourisme, il le sentait. Mais il pouvait se trouver d'autres buts. L'amour, l'art, la politique, la nourriture ou le sexe… n'importe quoi, pourvu que cela lui confère une raison d'exister. Il pouvait même s'engager plus à fond dans sa carrière de théologien, qu'il menait jusqu'alors en dilettante. Il n'est après tout nul besoin de croire en Dieu pour pouvoir en parler… Toute activité eût été bonne, pourvu qu'elle lui permît de se divertir de ce néant qui l'accablait.

Puis Pascal repensa à ce que cette apparition étrange – Nietzsche – lui avait dit, à savoir qu'il s'entraînait pour le prochain Tour de France, que la compétition était son nouvel absolu. Pascal avait toujours considéré les courses cyclistes comme des choses bien futiles et triviales. À ses yeux, elles n'avaient pas la dignité des rêveries vélocipédiques contemplatives. Mais finalement, puisque rien n'a de sens, une course de vélo n'est pas plus bête qu'autre chose. Au moins, la trivialité y est assumée. On sait bien que c'est « pour du jeu ». On fait juste comme si.

Peu à peu, l'idée germe dans son esprit : pourquoi ne participerais-je pas moi aussi à ce fameux Tour de France ? La vie sans Dieu est une vie de misère. Mais Dieu ne peut plus être la solution. Il me faudrait poser un voile sur le vide laissé par sa disparition. Le Tour ne pourrait-il être ce voile ? Quoi de mieux que la grande messe de juillet pour remplacer la religion ? Quoi de mieux que le grand feuilleton de l'été pour se divertir de l'angoisse occasionnée par la conscience du néant ? Pour pallier le non-sens, Pascal s'est retrouvé un but : il fera route vers les Champs-Élysées !

L'ex-cyclotouriste se mue alors en coursier. Il relève son vélo, ajuste ses lunettes de soleil, ferme son maillot, et redémarre en danseuse vers le sommet, bien décidé à rattraper Nietzsche, bien décidé à rejoindre le peloton du Tour !

Cycliste, à quoi bon ?

« La vraie sagesse est une ignorance qui se sait. »
MONTAIGNE

Plusieurs fois durant mon parcours universitaire je me suis entendu dire que je devais faire un choix entre sport et études, étant sous-entendu que le cyclisme n'était qu'un jeu d'adolescent rêveur et certainement pas une activité sérieuse. Ayant de bons résultats à l'école, je devais naturellement me tourner vers la raison, et abandonner le cyclisme à haut niveau. À vouloir mener les deux de front à cent pour cent, je risquais « tel Icare de me brûler les ailes », comme me l'a dit un jour un psychologue.

Ne seraient-ce pas plutôt les personnes tenant de tels discours qui allument la mèche faisant fondre ces ailes ? Ne seraient-ce pas eux qui étouffent les énergies et éteignent les grandes ambitions ? Bienheureux dans leurs postures d'intellectuels reconnus, haut perchés dans les nuées, ces pseudo-pédagogues cherchent à justifier leur rang. Pour ce faire, ils expliquent que les productions les plus importantes sont celles de l'esprit. Pensées, valeurs, théories… voilà les socles fixes auxquels on pourra toujours se rattacher. Tout le reste (activité physique, production manufacturière…) est trivial, car relatif et changeant ; et doit être délaissé dès lors que l'on a les moyens de « faire mieux ».

J'ai déjà évoqué l'injuste disgrâce dont font preuve, selon moi, les activités physiques. Je vais maintenant expliquer pourquoi elles sont en réalité plus dignes, et pourquoi j'ai choisi de faire du vélo mon métier alors que rien ne m'y obligeait.

Je ne crois pas aux absolus. Je n'adhère pas aux systèmes, philosophiques ou autres, censés expliquer parfaitement le monde. Je ne pense pas qu'un ordre régisse l'univers, et je ne crois pas en une quelconque force de l'esprit. Je suis assez pessimiste. Selon moi, rien n'a de valeur en soi. Rien n'a de sens. Camus disait que la seule vraie question philosophique était celle du suicide. Je me range à son propos : être ou ne pas être, telle est la question. L'unique véritable question.

Et à celle-ci, je réponds qu'il faut être, malgré tout. Non pas parce qu'un être supérieur me le commande. Non pas parce que mon existence répond à un dessein caché. Je ne crois pas à un destin préétabli. S'il faut être, c'est parce que je suis, j'existe – aussi absurde cette sentence puisse-t-elle sonner. Je suis engagé dans cette existence, sans savoir pourquoi, et même plus : en sachant que je ne connaîtrai jamais les raisons de ce pourquoi. Alors autant poursuivre cet engagement. Renoncer serait encore vouloir donner un sens à ce qui n'en a pas.

La vie est une illusion ? Assumons l'illusion ! Tout est relatif ? Choisissons une perspective particulière et développons-la à fond. Faisons comme si la vie avait un but, en lui donnant nous-même ce but.

La sagesse véritable n'est pas de dévoiler les artifices qui nous protègent de la conscience du néant, comme le font les semi-habiles chez Pascal, comme le font encore aujourd'hui certains savants se donnant des airs supérieurs. La vraie sagesse est de contempler ce néant, et de choisir de le masquer d'un voile. Suivre les us, coutumes et valeurs de la société, tout en sachant que rien ne les justifie. Vivre dans le monde, tout en admettant qu'il n'est rien de plus qu'un théâtre de marionnettes, où chacun joue son rôle.

Et telle est la sagesse profonde dont disposent bon nombre de travailleurs manuels qui, connaissant les règles du jeu et leur vacuité, acceptent l'illusion tout de même. La particularité de cette sagesse est qu'elle ne se montre pas. Les plus grands génies doivent rester inconnus, disait Paul Valéry. Combien de boulangers, combien de maçons, combien de bergers sont en réalité des habiles pascaliens ? Combien d'apparents idiots sont-ils des maîtres prestidigitateurs ? Ne méprisez pas les travailleurs manuels, les gens de l'ombre, les taiseux, peut-être vous méprisent-ils sans que vous le sachiez ; peut-être se gardent-ils, selon les mots de Pascal, une « pensée de derrière ».

Qu'on ne s'y trompe pas, je n'affirme pas que les hommes de pensée sont forcément des êtres vides et prétentieux, tout comme je ne soutiens pas que tous les hommes d'action sont des génies. On peut tout à fait être philosophe sans se prendre au sérieux, tout comme l'on peut être cycliste ou boulanger en oubliant l'aspect trivial de sa profession. Ce que je cherche à souligner, c'est l'importance – que l'on pratique une activité manuelle ou intellectuelle – de conserver un décalage par rapport à nos actes et nos paroles ; bref, de « ne pas se prendre la tête ».

Pourquoi dès lors ai-je choisi la voie du cyclisme, plutôt que celle de la philosophie ? Parce que le risque du sérieux y est limité. Tout le monde sait bien que le sport est un jeu. À ce titre, il instaure un décalage, lequel préserve de la tentation de l'absolutisation, beaucoup plus sûrement qu'un traité de métaphysique !

Aussi important soit le sport, personne n'ira défendre qu'un match de football, qu'une course de vélo ou qu'un combat de boxe sont des choses naturelles. On sait bien que ces activités ne sont rien sans une institution qui les encadre et leur confère une valeur. Cette valeur est admise comme étant un donné culturel : l'illusion est assumée, le trivial reconnu. À l'instar des Grecs qui accordaient créance à leurs mythes sans pour autant être dupes, nous faisons mine de croire au sport, sans oublier qu'il n'est au fond rien de plus qu'une construction humaine. On joue le jeu, parce que cela nous divertit. Comme le disent les enfants, « c'est pour de rire ».

Voilà pourquoi je fais du vélo : parce que cet objet invente des histoires, dont je suis à la fois acteur et spectateur, et que d'autres regardent comme l'on peut regarder une série télévisée. Puisque tout n'est qu'illusion, autant assumer la fiction. Le cyclisme me semble aujourd'hui l'activité la plus adéquate pour cela.

Le cyclisme… Et l'écriture également. Elle aussi me permet de faire un pas de côté avec l'existence, sans la quitter tout à fait. Inventer des histoires, développer des raisonnements, jongler avec les mots et avec les concepts – ce sont là d'excellents moyens pour instaurer cette forme de décalage ludique qui me semble nécessaire. À condition que l'on n'accorde pas trop d'importance à ses mots, que l'on fasse preuve d'humour, que l'on reste dans la fantaisie, dans la fable.

Pourquoi ai-je voulu écrire *Socrate à vélo* ? Pour jouer, rien de plus. Ce qui est déjà beaucoup.

Place au jeu, place au Tour

Ça y est. Après des mois d'entraînement, après les reconnaissances d'usage, les stages en altitude, les courses préparatoires, nous y sommes : le Grand Départ du Tour va être donné d'ici quelques jours à Düsseldorf.

Dans la ville, c'est l'effervescence. On peut voir partout des affiches décrivant le parcours de l'épreuve, ses trois mille cinq cents kilomètres répartis sur trois semaines, toutes les difficultés qui attendent les coureurs. Les habitants de la ville se déplacent à vélo. Les boutiques se sont parées de jaune. Cela fait plusieurs années que le peuple allemand attendait cela : retrouver la magie du Tour !

Les coureurs – grecs, allemands et autres – n'ont cependant pas la tête à la fête. Ils sont concentrés sur ce qui les attend, pressés d'en découdre. D'autant plus pressés qu'ils sont tous arrivés sur place près d'une semaine avant le contre-la-montre inaugural, comme c'est la coutume, ce qui n'a pour effet que d'attiser leur impatience.

Curieux hasard, les équipes grecque et allemande se retrouvent dans le même établissement, le classieux hôtel Lindner. Dans le lobby, c'est la tournée des journalistes pour les coureurs. Ils ont beau s'y être préparés depuis déjà plusieurs mois, la folie du Tour surprend toujours. Presse écrite, radios, télés, vidéos publicitaires, présentations, rencontres…, c'est un tourbillon. Les athlètes n'ont pas une minute à eux. L'attrait pour les vélosophes, loin de s'estomper, s'est même accru. *A fortiori* depuis qu'il a été révélé que l'équipe allemande contiendrait également quelques simili-vélosophes, des philosophes-cyclistes, des intellectuels convertis.

Alors les coureurs font le job. Platon expose les nouvelles responsabilités qui lui incombent depuis l'annonce de la retraite de Socrate. Bien qu'il assume pratiquer la philosophie, il veut prouver au travers de ses résultats qu'il est avant tout un jeune cycliste talentueux, comme l'a montré sa récente performance sur le Dauphiné libéré, la dernière grande course préparatoire avant le Tour (huitième du général). Platon évoque aussi sa cohabitation avec Aristote, leur complémentarité, les tensions qui ont pu les opposer mais qu'il a fallu dépasser. Il présente enfin l'ensemble des coureurs composant son équipe, finalement regroupés au sein d'une alliance gréco-latine élargie où l'on retrouve entre autres Diogène, Héraclite, Marc-Aurèle, Machiavel (qui a habilement su manœuvrer pour se faire admettre dans l'équipe des vélosophes), et même Plotin – qui, à l'usure, a su gagner sa sélection. Épictète sera le directeur sportif.

Une question revient inlassablement : « Quel est l'intérêt de la philosophie sur le vélo ? » Platon a pris l'habitude de répondre que la spéculation théorique lui est certainement utile en dehors du vélo, dans la mesure où elle permet de prendre du recul, de laisser retomber la pression, de relativiser. Sur le vélo en revanche, elle ne peut que desservir. Pas le temps de prendre le temps d'analyser la situation en pleine course, quand on se fait attaquer de toute part, ou à l'approche d'un sprint. Il faut réagir dans l'instant, avec instinct. Car, ajoute-t-il en délivrant un clin d'œil à Aristote, « rien n'est dans l'intelligence qui n'ait d'abord été dans les sens ».

Peut-être Platon se garde-t-il une pensée de derrière pendant qu'il affirme tout cela, pendant qu'il explique aux journalistes que, s'il n'y a que des vélosophes dans l'équipe gréco-latine, c'est parce que pour lui et ses coéquipiers, la pensée ne va pas sans l'action, la *theoria* n'est rien sans la *praxis*... Qui sait ce que cache au fond de lui Platon derrière le visage présenté à ceux qui l'interrogent ?

Freud, qui se trouve à deux pas et peut de ce fait entendre les propos de Platon en tendant l'oreille, interprète pour sa part le discours manifeste de son adversaire grec comme une attaque latente à l'encontre de son équipe. La formation germanique, en effet, a de son côté opté pour un autre choix stratégique, moins radical que le « tout-vélosophes » : celui de panacher entre cyclistes de formation et philosophes reconvertis.

Certains journalistes ont remarqué un léger plissement dans l'expression de Freud, et se détournent de Platon pour obtenir une réaction du philosophe autrichien. Celui-ci leur fait signe qu'il ne s'exprimera pas, renvoyant les reporters vers le chargé de communication de l'équipe d'Allemagne, Jürgen Habermas, lequel, au milieu d'un attroupement où se mêlent fans en quête d'autographes et envoyés spéciaux à la recherche d'un bon sujet, tente tant bien que mal d'organiser les discussions.

— Que chacun se sente absolument libre de poser les questions qu'il souhaite, répète le communicant.

Les journalistes ne se font pas prier, et interrogent :

— Des cyclistes d'un côté, des philosophes de l'autre, réunis au sein d'une même équipe. Ne trouvez-vous pas cette composition de l'effectif un peu artificielle ? N'est-ce pas avant tout un coup de pub ? Chez les Grecs, les athlètes sont *à la fois* cyclistes et philosophes…

Bien qu'il n'y ait pas de sujet tabou, celui-ci embête Habermas, qui répond d'un air un peu exaspéré que c'est un non-sujet :

— Peu importe que les philosophes soient de vrais cyclistes ou non. Parlons sport, regardons les résultats ! Depuis que, sous l'impulsion d'Einstein, Marx et Freud ont intégré l'équipe (Heidegger n'ayant finalement pas été retenu), les performances d'Altich, Ullrig, Zadel et consorts s'en sont grandement améliorées. C'est bien qu'il y a un « effet philosophes ». Et quand bien même les philosophes ne prestent pas eux-mêmes, par leurs conseils ils aident les autres à briller. Aux uns le soin de la réflexion et de l'interprétation, aux autres celui de l'action et de la conclusion ! Sur ce, messieurs, je me permets de conclure. Merci de laisser les athlètes se reposer un peu avant ce qui les attend.

Marx, qui se tient en retrait avec les autres coureurs allemands, fait la moue suite au discours officiel qui vient d'être proféré. Il ne semble pas vouloir se reposer, ni se contenter d'interpréter les situations de course… Mais il n'aura pas l'occasion de s'exprimer, Habermas ayant coupé court à la discussion. Et puis, il faut encore que les journalistes aillent voir l'équipe de France, au sein de laquelle figurent également plusieurs bons « clients » : Pascal, un nouveau venu dans le peloton que l'on présente comme plein d'avenir ; Bergson, un coureur expérimenté, toujours à l'aise pour disserter sur son sport ; et un certain Jean-Paul Sartre, qui s'est arrogé le titre de manager de l'équipe, et qui a pour réputation d'être prodigue en interventions polémiques... À coup sûr l'assurance de papiers vendeurs.

Ainsi se passe une après-midi d'avant-Tour... Coureurs, journalistes, communicants, chacun tient son rôle, dans ce grand théâtre de juillet. Platon n'est pas dupe. Il sait bien que si on vient le voir, c'est pour l'originalité de sa double casquette. Et quand il s'en plaint, quand il s'érige contre la tentation des clichés, il tient là encore une posture. Il le faut : est mangé celui qui ne porte pas de carapace, celui qui ne se considère pas soi-même comme un autre. Le personnage médiatique – le super-héros – sert de protection à la personne.

Journalistes et chargés de communication eux aussi s'abritent derrière leur fonction. La posture, l'autonarration, est même chez eux clairement assumée. C'est leur profession que de poser la question qui fâche pour les uns, et de chercher à l'esquiver pour les autres. *In fine*, tout le monde sait ce qui va se passer : les règles sont pour ainsi dire édictées d'avance et, comme dans un jeu d'échecs, il est possible d'anticiper les coups à venir. Une seule inconnue demeure : quelle est l'identité véritable du joueur ? *Qui* se trouve derrière le micro ? La personne reste cachée. A-t-elle le choix ?

Et Marx, et Freud, eux non plus, n'échappent pas à la grande comédie humaine. Adoptant une attitude boudeuse pour l'un, un mystérieux air scrutateur pour l'autre, ils n'expriment pas ce qu'ils ressentent profondément ; ils transmettent seulement un certain sentiment, construit pour être transmis : qui celui d'un coureur en désaccord avec sa direction, qui celui d'un sage à la parole coupée. Mais quels sont les authentiques états intérieurs de nos deux néocyclistes ? Nul ne le sait vraiment, les intéressés encore moins. « Je est un autre », comme disait l'autre. Je est un jeu.

Mais, tandis que chacun endosse son costume en se mettant soi-même en abyme, tandis que chacun compose et joue à faire semblant, un événement survient qui fait effet de coup de théâtre : Socrate déboule à vélo, plein de boue, directement dans le hall de l'hôtel ! Il lui manque la chaussure gauche. Il a les traits émaciés. Tous le regardent ahuris. Socrate n'en a cure. Indifférent à tous ces gens qui le dévisagent, il s'en va malicieux demander à la réception s'il reste une place. « Dans l'hôtel ? — Non, sur le Tour ! »

Voyant l'incompréhension du réceptionniste, c'est Aristote qui vient arranger la scène, le sourire aux lèvres. « Bien sûr que tu as ta place sur le Tour ! Et je dirais même plus, en me payant un bon mot que tu ne renierais pas : tu nous as joué un sacré tour ! » Aristote n'est absolument pas aigri de constater le retour de son chef de file. Depuis l'épisode de l'Etna, il a compris que Socrate est un leader qui ne fait pas d'ombre à ses coéquipiers, mais qui au contraire les pousse à s'élever eux-mêmes. Quant à ce qui s'est réellement passé là-haut sur le volcan, il n'est même pas curieux de le savoir. Socrate est ainsi. Les philosophes sont ainsi. La philosophie commence par l'étonnement, et elle ne demande pas à ce qu'une réponse vienne dissiper cet étonnement.

Puis c'est au tour de Platon d'accourir pour saluer Socrate. Maintenant qu'il a appris à pédaler pour son propre compte, maintenant qu'il est à proprement parler autonome, il se dit prêt à se remettre au service d'un leader en toute lucidité. Viennent ensuite Marc-Aurèle, et Diogène, lequel répète à l'envi en désignant Socrate : « Voici l'Homme que désespérément je cherchais. Voici l'Homme. » Tous les vélosophes entourent le revenant. Seul Plotin manque à l'appel. Épictète vient de lui signaler qu'il était remplacé dans la sélection. Le jeune homme n'en a pas pris ombrage. Il est heureux lui aussi. Il a obtenu ce qu'il était venu chercher : un selfie avec Ullrig.

Bref, tous les membres de l'équipe gréco-latine sont heureux d'être là, auprès de Socrate, au pied de cette montagne qu'est le Tour. Et, tandis qu'ils s'embrassent et se congratulent, on sent naître un élan au sein de cette équipe, l'élan nécessaire à la conquête des plus hauts sommets !

Certains journalistes eux-mêmes semblent attendris par la scène à laquelle ils assistent, et imaginent déjà l'article qu'ils pourront écrire sur ce « grand moment d'authenticité que seul le Tour sait nous offrir ». D'autres, en revanche, sont plus circonspects à propos de ce come-back inattendu : réelle improvisation ou coup stratégique particulièrement bien monté ?

Les coureurs allemands ne se posent pas cette question. Ils adoptent délibérément un air détaché. L'heure n'est pas à l'animosité, aux attaques polémiques. Les attaques, elles auront lieu dans quelques jours, sur le vélo, sur la route du Tour. Ce temps de discours, de préparation et de réflexion se diluera alors naturellement dans l'action, dans l'affrontement athlétique.

Ce moment n'a jamais été aussi proche. Le décor est planté. Tous les acteurs sont en place. Plus rien n'empêche la course de démarrer.

II

La Course

Étape 1 – Chrono à Düsseldorf – Le contre-la-montre : se connaître ou se dépasser ?

« Trente secondes… Dix secondes… Cinq, quatre, trois, deux, un… C'est parti pour cette nouvelle édition du Tour de France ! C'est parti pour ce contre-la-montre inaugural dans les rues de Düsseldorf. Ce Tour sera assurément très suivi, peut-être plus encore cette année que par le passé. Avec le retour aux équipes nationales, les organisateurs espèrent en effet toucher un nouveau public, en jouant sur la fibre patriotique, mais aussi en ouvrant l'épreuve à des coureurs aux profils originaux, comme ces fameux vélosophes qui font tant parler… »

« Tout à fait Thierry. Et d'ailleurs, c'est un de ces coureurs grecs qui s'est engagé le premier sur la rampe de lancement. Ce coureur n'était pas dans la liste initiale des partants. Sa présence est une petite surprise car, après un début de saison prometteur, il avait assez étrangement disparu des radars. Il est

revenu tout juste à temps pour remplacer Plotin, que l'on disait en méforme. Il s'agit, vous l'aurez compris, de Socrate… »

« Effectivement, Laurent. Et d'ailleurs, nous retrouvons Richard, qui se trouve juste derrière Socrate, sur notre moto son, pour les grands débuts d'un vélosophe sur la route du Tour… »

« Excusez-moi, Thierry ! Permettez-moi de vous interrompre… En effet, je suis actuellement derrière un Socrate appliqué, bien en place sur sa machine. La cadence de pédalage est optimale, la position quasi parfaite. Il n'y a aucune déperdition d'énergie. Bref, Socrate nous fait un chrono très propre… »

« Merci Richard. Il n'y a là rien d'étonnant, car on sait que Socrate est un coureur d'expérience, spécialiste de l'effort solitaire. Il maîtrise donc parfaitement ce type d'exercice. Et cela se voit, il devrait réaliser un bon temps… »

« Vous savez, Thierry, le contre-la-montre est une épreuve où l'on est son propre adversaire. Ce qui importe, c'est donc de bien se connaître soi-même. Il faut être le plus régulier possible et, pour cela, contrôler parfaitement ses limites en ne partant ni trop lentement – car le temps perdu ne se rattrape plus –, ni trop vite – sous peine de s'écrouler. Le chrono est l'art du juste milieu entre prudence excessive et démesure, ou hubris *comme diraient nos amis grecs. »*

« Eh bien Laurent, j'ignorais que vous aviez des compétences en matière de philosophie ! En tout cas, ce qui est certain, c'est que Socrate se connaît

parfaitement, puisqu'il serait actuellement, d'après nos pointages intermédiaires, à seulement deux secondes du temps de Jacques Anquepil, un des grands prétendants à la victoire dans ce contre-la-montre ! On se demandait où en serait le chef de file de l'équipe gréco-latine, après plusieurs mois sans compétition. Il est en train de nous répondre sur le terrain ! Quel champion ! »

« Excusez-moi ! Permettez-moi de vous interrompre, Thierry. Richard sur la moto son. Il se passe quelque chose d'assez extraordinaire ici dans les rues de Düsseldorf ! Vous savez que le parcours fait un aller-retour le long des berges du Rhin, la chaussée étant divisée en deux de telle sorte que, tout en suivant Socrate, je peux voir les coureurs partis un peu après lui. Eh bien je crois que je viens de croiser un cycliste ne figurant pas dans la liste des partants ! À la vitesse où nous allons, je n'ai pas su l'identifier mais... »

« Attendez, Richard. Nous avons des images depuis notre hélicoptère. En effet, il y a là quelqu'un qui semble s'être invité à la dernière minute... Il arbore un maillot neutre. Pas de dossard, pas de voiture suiveuse. C'est incroyable ! Comment est-ce possible ? Mais attendez, voilà qu'il rattrape et dépasse un concurrent espagnol ! Richard, tâchez d'intercepter cette personne à l'arrivée pour obtenir une réaction... »

Quelques minutes plus tard, à l'arrivée du coureur non identifié...

« Poussez-vous ! Poussez-vous ! Sport-TV, nous sommes prioritaires ! Monsieur, un mot, une réaction, une question, une seule : vous sortez de nulle part, vous venez de faire un excellent temps – troisième au classement provisoire –, qui êtes-vous ?

— On me surnomme le cobra, pour mes attaques tranchantes dans les bosses, lui répond le cycliste, en un souffle. *Ou bien l'aigle de Sils-Maria, pour ma capacité à m'envoler en montagne. Ou encore Zarathoustra, le grimpeur aux pieds déliés. Mais mon vrai nom est Nietzsche…*

— Attendez, attendez ! Vous dites que vous êtes un grimpeur. Mais c'est sur le plat que vous venez de faire une performance exceptionnelle ! Et pourquoi n'êtes-vous pas rattaché à une équipe ? Attendez, attendez ! Nietzsche, ne serait-ce pas le nom d'un philosophe ? »

À ce moment, quatre policiers interviennent, soulevant prestement Nietzsche et l'emmenant vers un lieu plus confidentiel. Dans le chaos ambiant, Richard croira entendre au loin : « Se dépasser plutôt que se connaître ! » Ou encore : « L'État est le plus froid de tous les monstres froids ! »

Quelques heures plus tard, un communiqué de l'organisation du Tour tombait, accompagnant les résultats officiels :

« Aujourd'hui, un athlète de nationalité allemande ne figurant pas dans la liste officielle des partants a pris part à la première étape du Tour de France, suite à un manque de vigilance des équipes de signaleurs. Après discussion avec l'intéressé, après délibération entre les membres du jury des commissaires, compte

tenu de la performance probante effectuée par le coureur (des chronométreurs non officiels le placeraient entre la dixième et la quinzième place de l'étape), et eu égard aux réactions enthousiastes du public, il a été décidé à titre exceptionnel d'intégrer Friedrich Wilhelm Nietzsche à cette édition du Tour de France. Il portera le dossard cent quatre-vingt-dix-neuf, et sera dès ce jour considéré comme n'importe quel concurrent. M. Nietzsche ne sera rattaché à aucune équipe, et disputera l'épreuve sous bannière neutre, comme c'est d'ailleurs sa volonté. Cela étant, l'irruption de M. Nietzsche dans l'épreuve en cours constitue une infraction grave et impose des pénalités. En plus d'une amende de dix mille francs suisses, le coureur se verra accusé d'un débours de trois heures au classement général. Concernant le contre-la-montre de Düsseldorf, en l'absence de chronométrage officiel, le coureur sera classé dernier de l'étape, dans le même temps que l'avant-dernier.

Le jury des commissaires, Düsseldorf, le ../../.... »

« Eh bien Laurent, quelle étape pleine de rebondissements… Avec un Anquepil longtemps en tête, finalement coiffé sur le fil par Bradley Russell, surprenant premier maillot jaune de l'épreuve ; avec un Socrate auteur d'un chrono d'école, techniquement parfait, qui le place à une excellente quatrième place ; avec enfin ce fameux Nietzsche, qui s'est par la force des choses invité à la fête grâce à sa performance aussi impressionnante qu'impromptue – nous pouvons dire que nous avons été gâtés pour ce Grand Départ en Allemagne ! Le Tour est lancé, et bien lancé ! »

« Eh oui Thierry. C'est cela le Tour, cette sorte de magie. Je vais vous dire une chose : si la philosophie se nourrit d'étonnement, le Tour vit d'inattendu. Et c'est de là qu'il tient sa beauté… »

« Décidément Laurent, je vous trouve bien inspiré aujourd'hui. C'est donc sur ces belles paroles que nous nous quittons. Merci à vous, merci Richard, merci à tous les téléspectateurs de Sport-TV ; et rendez-vous demain pour la suite du grand feuilleton de juillet ! Vive le sport, et vive le Tour ! »

Étape 2 – Düsseldorf/Liège –
Le sprint est le rasoir du cycliste

Chaque jour, pour chaque équipe, une heure environ avant le départ de l'étape, le bus est le lieu du traditionnel briefing d'avant-course. L'occasion pour les directeurs sportifs de donner des indications concernant le parcours, la météo, ainsi que de transmettre les consignes stratégiques qu'il faudra ensuite appliquer sur le terrain.

Au sein du bus de la formation germanique, on sent déjà une certaine pression peser sur les épaules des coureurs. Les résultats du chrono de la veille ont en effet été assez décevants : pas un Allemand dans les vingt premiers, le premier classé (Ullrig) ne figurant qu'en vingt-troisième position.

Depuis le départ d'Einstein, en l'absence de véritable directeur sportif, Jens Vogt – le coureur le plus expérimenté de l'effectif – a endossé le rôle de capitaine de route. Ses coéquipiers lui font confiance. Et il assure parfaitement la liaison entre cyclistes de toujours et convertis. Aussi est-il légitime pour prendre les choses en main lors du briefing :

— Bon, les gars, ne nous voilons pas la face. Nous n'avons pas été bons hier. Sans doute avions-nous trop de pression devant notre public, sans doute n'avons-nous pas su gérer les nombreuses sollicitations extérieures, sans doute l'irruption de ce diable de Nietzsche nous a-t-elle déconcentrés... Mais, à vrai dire, peu importent les raisons. Hier, c'était hier. Le joker est grillé. Il faut désormais vite se remobiliser, et redresser la barre. Dès aujourd'hui. Au programme, deux cent deux kilomètres entre Düsseldorf et Liège. Trois montées sont répertoriées au Grand Prix de la Montagne en cours d'étape. Elles sont classées en quatrième catégorie, donc rien de bien difficile. Ce sera juste pour attribuer le maillot blanc à pois rouges. À part ça, le parcours est relativement plat. Vingt kilomètres par heure de vent d'ouest. Léger risque de pluie. Voilà pour les données techniques. Maintenant, que pensez-vous de la tactique à adopter ?

— Il faut passer à l'offensive. Il faut se montrer. Il faut attaquer ! s'enthousiasme aussitôt Marx. Dès le départ, il faut se porter à l'avant, et tâcher de résister jusqu'à l'arrivée !

— Dans le cyclisme moderne, il est illusoire de croire qu'une échappée matinale puisse aller au bout, lui rétorque aussitôt Altich. Ton attaque ne servirait qu'à montrer le maillot. Publicité bien inutile, depuis qu'ont disparu les équipes de marques. Tu vas t'épuiser à l'avant pendant cent quatre-vingts kilomètres puis te faire cueillir dans le final, quand le peloton le jugera bon. Nous ne sommes pas là pour faire du « hourra cyclisme », ou du « vélo champagne ». Nous ne sommes pas des romantiques de la bécane. Ce qu'il nous faut, c'est un résultat. Ma tactique est la suivante : à trente-cinq kilomètres de l'arrivée, il y a un changement de direction. Le vent, jusqu'alors de face, va passer plein côté. Je propose que nous prenions tous ensemble la tête du peloton à ce moment-là, et que nous produisions une violente accélération, de sorte à provoquer une bordure et faire exploser le peloton !

Jens Vogt salue cette proposition ambitieuse, mais il met en garde sur le fait que le vent n'est peut-être pas assez fort pour tenter le coup, d'autant que, d'après la carte, l'environnement semble assez boisé (donc abrité) à l'endroit du changement de direction… En outre, Freud fait valoir qu'il ne sait pas vraiment en quoi consiste une « bordure », cet art de jouer avec Éole pour morceler un groupe. Problème assez rédhibitoire !

Alors qu'un certain flottement s'installe au sein du bus allemand, aucune option tactique ne sortant du lot, Zadel prend la parole :

— À vrai dire, aussi différentes soient-elles, ces deux stratégies – coup de bordure, échappée matinale – ont le même défaut : elles présentent un ratio chances de succès/énergie dépensée beaucoup trop faible. La réussite d'une bordure est plus qu'improbable. Et quand bien même nous parviendrions à nous extraire du peloton, il faudrait encore tenir plus de trente kilomètres jusqu'à l'arrivée. Gare au retour de bâton si nous nous faisons reprendre !

Quant à attaquer dès le départ, je suis d'accord avec Rudi : ce serait beaucoup de bruit – et d'efforts – pour rien… Les deux options jusqu'à présent envisagées me semblent donc trop compliquées. Or, je me rappelle ce que m'avait appris un jour Einstein, avant qu'il ne quitte l'équipe : « Tout doit être le plus simple possible. » Cette phrase m'est revenue hier quand j'ai entendu Russell expliquer dans une interview d'après-course que, s'il l'avait emporté, c'était grâce au conseil de son entraîneur, un certain Guillaume d'Ockham. Ce dernier serait l'auteur d'un principe, que l'on désigne paraît-il sous le nom de « rasoir d'Ockham », dont la formulation est à peu de chose près la suivante : « Il faut accomplir sa fin avec une économie maximum de moyens. » Ce qui revient à dire : pourquoi faire compliqué quand on peut faire simple ? Russell a géré son contre-la-montre hier avec parcimonie, empruntant les trajectoires optimales, gérant son effort de manière parfaitement linéaire, adoptant un coup de pédale des plus efficients. Résultat : il a remporté le chrono. Maintenant, je vous demande : quel est le moyen le plus simple pour s'imposer sur le Tour, au terme d'une étape plate, sans difficulté apparente ? Certainement pas en lançant une grande offensive risquée à quarante kilomètres de l'arrivée. Encore moins en partant à l'abordage dès le départ. Non, ce qu'il faut faire, c'est attendre sagement au sein du peloton toute la journée, s'économiser dans les roues, regarder les échappés s'époumoner à l'avant, laisser travailler les Britanniques qui devront contrôler pour défendre le maillot jaune de Russell… puis prendre la tête à un kilomètre de l'arrivée, se mettre en ligne tous en équipe, mener un train d'enfer, de sorte que je sois en position idéale pour sprinter dans les deux cents derniers mètres et franchir en premier la ligne à Liège ! Je vous le dis : le sprint est le rasoir du cycliste !

Vogt convient que le sprint est le meilleur moyen de gagner en cyclisme. Vérité parfois même écœurante : on peut être en tête durant presque toute la course, et se faire « revoir » à quelques kilomètres de l'arrivée seulement, quand le peloton l'aura décidé, quand le chat voudra fondre sur sa souris. À ce moment, les félins, les rois du sprint, entrent en action. Et un coureur qui sera resté anonyme toute la journée aura droit aux honneurs du podium. C'est peut-être injuste, mais c'est ainsi : si l'on veut être pragmatique, un principe de réalité commande que, pour maximiser ses chances de succès sur une étape plate, il faut miser sur le sprint.

Dans le bus allemand, chacun approuve la stratégie de Zadel, y compris Marx, non sans un léger pincement au cœur. Grand bien leur en prend : la course se déroule comme sur un tableau noir. Quatre coureurs s'extirpent du peloton dès le départ. Derrière, la formation britannique du maillot jaune maintient l'écart entre deux et trois minutes durant la majeure partie de l'étape. Puis, des équipiers de sprinters (dont Freud) se chargent de réduire peu à peu l'avantage des fuyards, revenant sur les derniers rescapés de l'échappée à un kilomètre du but. Alors Altich prend la tête, son sprinter dans la roue ; il lance Zadel si parfaitement que celui-ci s'impose avec trois longueurs d'avance dans les rues de Liège, après avoir débouché à cent cinquante mètres de l'arrivée.

Merci Guillaume d'Ockham !

Étape 3 – Verviers/Longwy – Le cycliste : Docteur Jekyll et Mister Hyde

La troisième étape mène les coureurs de Verviers, ville au passé industriel située un peu au sud de Liège, à Longwy, petite bourgade française à la frontière belgo-luxembourgeoise. L'arrivée est jugée au sommet d'une petite bosse d'un kilomètre cinq cents, à un peu plus de sept pour cent de moyenne. Rien d'insurmontable bien sûr, au regard de ce qui attend les coureurs dans les jours à venir. Tout de même, c'est la première arrivée en montée du Tour, la première occasion de se tester et de tester ses adversaires. Le premier moment de stress…

Et puis l'approche de la difficulté finale se fait par une route étroite et sinueuse. Il n'y aura pas de place pour tout le monde. Les risques de chute ou de cassures au sein du peloton seront importants. Il serait dommage de perdre du temps bêtement à cause d'une erreur de placement, sur une étape qui n'a rien de décisif sur le papier. Longwy fait partie de ces endroits où, selon l'adage, « on ne gagne pas le Tour, mais on peut le perdre ».

Alors ça frotte dans les kilomètres précédant le pied de la dernière bosse. Toutes les formations sont en ordre de bataille. Ça joue des coudes pour garder sa place. Ça gueule.

Les Grecs prennent part à cette lutte de positionnement. Regroupés en équipe, ils s'efforcent de rester à l'avant du peloton, portés par un Diogène ne lâchant pas le morceau. Il faut de suite montrer que l'on est présent, histoire de se faire respecter.

Certains concurrents s'essaient à tasser un peu Platon, jouant sur sa jeunesse et son inexpérience. Stratégie d'intimidation. Le coureur grec ne se laisse pas faire. À qui se déporte un peu trop vers lui, il n'hésite pas à donner un coup d'épaule. À qui lui coupe la route, il fait l'intérieur dans le virage suivant. Dans cet essaim surexcité qu'est un peloton en fin de course, Platon veut montrer qu'il n'est pas une abeille anonyme.

« L'homme est un loup pour l'homme », a coutume de répéter Hobbes, un des membres de l'équipe britannique. Plus encore qu'un essaim, le peloton est une meute, dont chacun des membres ne cherche qu'à affirmer sa suprématie sur ceux qui l'entourent. Le cyclisme est un sport violent. Le sport est violence.

Ne serait-ce pas d'ailleurs sa fonction ? se demande Freud, tout en luttant lui aussi à l'avant du peloton pour placer ses leaders. La compétition athlétique ne sert-elle pas à laisser s'exprimer librement nos pulsions animales ? Il faut bien que le corps exulte. Dans nos sociétés où tout est sous contrôle, où pas une tête ne doit dépasser, où la chair est constamment priée de se taire, le sport serait une sorte de soupape, un lieu où enfin il serait permis de se lâcher. Mieux encore, le cadre institutionnalisé du sport transforme nos bas instincts en actes héroïques. Il les valorise. Quel est le mot déjà ? Ah oui, sublimation !

Si Freud a peut-être le temps de penser sur le vélo, Platon quant à lui garde la philosophie pour plus tard, tout entier concentré à ne pas céder une seule place à ses concurrents. Ceux-ci sont étonnés de trouver le vélosophe encore positionné à l'avant, alors que la montée finale se rapproche à grandes pédalées. Mais – se disent-ils – les philosophes sont des gentils. Quand cela deviendra vraiment chaud, quelques hectomètres avant le pied, quand cent cinquante coureurs voudront être en première ligne alors qu'il n'y aura de place que pour vingt, quand tout le monde aura le couteau entre les dents, et que ça beuglera dans les oreillettes – alors les philosophes freineront. Ils sont bien trop respectueux, bien trop propres sur eux. Ils n'ont ni le vice, ni la science de la course nécessaires pour bien figurer dans le final d'une telle étape. Cela s'est d'ailleurs vu lors des classiques de début de saison.

Et pourtant… Se rappelant justement les erreurs commises au printemps, où il avait péché par manque de hardiesse, Platon prend cette fois tous les risques pour aborder dans les premières positions la montée finale. Alors que deux coureurs belges tentent de lui fermer la porte, il force le passage, appuyant les cocottes de son vélo contre les fessiers de ses adversaires. Il gagne ainsi dix places ! Le tout à plus de soixante kilomètres-heure… Au pied de la bosse, il est dans les dix premiers. Position idéale.

Alors la violence technique du positionnement laisse place à la violence physique de l'effort pur, brut, total. Un kilomètre et demi, ce n'est rien. À peine plus de deux minutes à haute intensité. Mais quelles deux minutes ! Platon est en apnée, il monte quasiment tout en danseuse, le feu dans les cuisses, une enclume dans les poumons, les oreilles bouchées par les vivats du public. Il s'arrache, et décroche une très belle quatrième place sur l'étape, synonyme pour lui de maillot blanc, meilleur jeune au classement général.

Aussitôt la ligne franchie, une foule de journalistes de tous horizons vient encercler le coureur grec. Tel Hulk redevenu Bruce Banner, tel Mister Hyde redevenu Docteur Jekyll, Platon leur répond calmement, posément, déjà dans l'analyse, déjà dans la distance par rapport à cet autre déchaîné qu'il était encore quelques instants auparavant.

Étape 4 – Mondorf/Vittel – Ennui chronique

Pendant le Tour, le journal *La Planète* a proposé à Bergson d'écrire une chronique quotidienne, afin de faire vivre la course à ses lecteurs de l'intérieur du peloton. Bergson a accepté, trouvant là une tribune pour élargir le spectre du public susceptible de s'intéresser au cyclisme. L'étape quatre, sans grand relief, promise aux sprinters, s'annonce interminable. Bergson en profite pour discuter de la temporalité particulière que l'on vit sur le Tour. Voici la chronique en question :

« Le Tour est une machine à distordre le temps. Quel directeur sportif dans sa voiture n'a jamais été confronté à cette grande vérité : cinq heures d'une longue étape de plaine peuvent paraître ne jamais finir, tandis que cinq heures d'une étape de montagne s'écoulent en un éclair ? Quel téléspectateur de juillet ne s'est jamais endormi devant un peloton avançant en procession au milieu des champs, puis enflammé quand ce peloton s'est trouvé secoué d'attaques ?

Une heure de course peut tout à la fois être assommante ou enthousiasmante. Le Tour a la capacité de rendre le temps relatif, ou tout du moins d'en donner le sentiment. Comment expliquer cette bizarrerie chronobiologique ? Est-ce un effet de la tiédeur estivale ? Est-ce dû à la réalisation télé, laquelle il faut bien le dire cherche parfois à favoriser l'endormissement en proposant pour fond sonore le ronronnement des hélicoptères, ou en habillant les découvertes patrimoniales d'une délicate musique feutrée ? Rien de tout cela : le téléspectateur fait simplement l'expérience de ce que j'appelle la durée.

Par durée je désigne le temps ressenti, le temps de la conscience, par opposition au temps objectif, celui de l'horloge, celui des scientifiques. Ce dernier est incompressible et inextensible, tandis que la durée est fonction de la personne qui l'expérimente. C'est ainsi qu'une étape de plaine lénifiante et une étape de montagne enthousiasmante peuvent avoir un temps identique, tout en ayant une durée différente. CQFD.

Les coureurs n'échappent pas au phénomène de la durée. Comme les suiveurs, il leur arrive d'être gagnés par l'ennui dans certaines étapes plates où il ne se passe rien. Toutes les dix minutes, ils jettent alors un coup d'œil à leur compteur, espérant que trente kilomètres se soient écoulés et constatant avec dépit qu'ils ne se sont rapprochés de l'arrivée que de huit...

De même, quand l'allure augmente, dans un col par exemple, et qu'un coureur se bat péniblement pour suivre le groupe de tête, une minute d'effort semble en durer dix. Le temps se dilate, à mesure que la vitesse du peloton et que la souffrance s'accroît, dirait Einstein, le célèbre ex-manager. À l'inverse, quand un coureur est en forme, que la course est pleine de mouvements, une étape de deux cent vingt kilomètres peut lui en paraître cent.

Cela étant posé, venons-en sans plus attendre – de peur d'assoupir à notre tour le lecteur – à ce qui fait la beauté et la particularité du Tour, à savoir la parfaite intrication qu'il propose entre durée et temps objectif. Comme toute autre épreuve cycliste, le Tour est une affaire de chronomètre, de lutte "contre la montre", contre le temps objectif, cela afin de garder son maillot ou grignoter des places au général. La maîtrise de ce temps est une question d'intelligence, de stratégie et de calcul, d'oreillettes et de capteurs de puissance. Le Tour en ce sens est mathématique.

Et en même temps, c'est la course où l'expérience de la durée est la plus présente, où ce que l'on sent prime souvent sur ce que l'on sait. Il y a toujours une part d'humain qui résiste au scientifique dans le Tour, une intuition fulgurante qui vient faire valser une partition trop bien ordonnée. C'est Charly Gaul qui se lance à l'offensive contre toute raison dès le premier col de la journée. C'est Bernard Hinault qui attaque sur les Champs-Élysées. C'est un sprinter qui remporte une étape de montagne. C'est un inconnu vélosophe qui surprend tous les anciens cyclistes de métier...

Alors, s'il est vrai que spectateurs, managers, coureurs, s'ennuient souvent en juillet, soyons honnêtes : nous adorons tous nous ennuyer pendant le Tour ! »

Étape 5 – Vittel/Planche des Belles Filles – Désir et manque

Après l'étape de la veille qui, effectivement, ne connut guère de péripéties en dehors du sprint final, les coureurs ont aujourd'hui droit à un avant-goût de montagne, avec une étape vosgienne et une arrivée au sommet de cette fameuse Planche des Belles Filles, une ascension de six kilomètres environ avec plusieurs passages à plus de dix pour cent de déclivité. Ce sera la première grande explication entre favoris du Tour.

Socrate n'appartient pas à cette catégorie, mais il a tout de même coché cette étape. Après avoir perdu bêtement une trentaine de secondes la veille, à cause d'un problème mécanique survenu à quatre kilomètres de l'arrivée, il veut se rattraper et rêve de triompher au sommet de la Planche, au nez et à la barbe de tous ces grands noms du cyclisme.

Alors les Grecs prennent les choses en main. Dans la terrible première rampe de la montée, une ligne droite interminable, Diogène produit un tempo effréné en tête de peloton. Dans sa roue, Aristote – deuxième étage du train bleu azur – se tient prêt à prendre le relais dès que le vélosophe-chien se sera écarté. Socrate suit, concentré sur son effort, indifférent à la foule en délire qu'il fend. Platon, tout de blanc vêtu, se tient en réserve. Il sera le dernier à se mettre à la planche pour son leader.

La taille du peloton se réduit à vue d'œil. Ils ne sont déjà plus que trente dans le premier groupe après un kilomètre d'ascension. Quand Aristote prend le relais, à mi-pente, le rythme s'accélère encore. Les coureurs lâchent un à un. Russell, le maillot jaune, fait partie des coureurs en difficulté ! Informé à l'oreillette, Socrate – surmotivé – en profite pour lancer une attaque violente. Seuls quatre coureurs parviennent à garder sa roue, dont Platon. Les Grecs frappent décidément un grand coup pour cette première confrontation avec la montagne !

Nous sommes maintenant à un kilomètre de l'arrivée. Un léger replat permet à chacun de souffler. Les hommes de tête se regardent. Cela devient tactique. De peur de voir des coureurs revenir de l'arrière, Socrate demande à Platon de mener le groupe jusqu'à la rampe finale, un raidard épouvantable à plus de vingt pour cent. Platon s'exécute. Arrivé au moment fatidique, à trois cents mètres de la ligne, quand la route se cambre violemment, Socrate gicle de l'arrière, sans descendre le grand plateau. Ses adversaires, surpris, réagissent avec un temps de retard. Trop tard ; Socrate s'en va cueillir les lauriers. La victoire sur le Tour tant désirée est à lui !

Sur le podium, Socrate est évidemment content. Son objectif est atteint : il est parvenu à montrer qu'il était un vrai cycliste, talentueux, et pas seulement une attraction médiatique, un philosophe qui pédale.

Pourtant, en regagnant son bus, les fleurs du vainqueur à la main, Socrate ne paraît pas comblé. En chemin il rencontre Platon, déjà douché, en train d'échanger quelques mots avec Pascal, lequel vient tout juste de franchir la ligne, au moment où la cérémonie du podium prenait fin.

Socrate remercie solennellement son jeune coéquipier pour l'aide précieuse qu'il lui a apportée. Platon, modeste, évacue en disant que ce n'est rien, qu'il a juste tenu son rôle. Pascal est étonné par la scène. Il s'émeut du manque d'enthousiasme des héros de la Planche, lui qui rêverait de se trouver à leur place :

— Souriez, que diable ! leur intime-t-il. Criez, chantez, dansez ! Socrate, tu viens de gagner une étape du Tour. Et quelle étape ! Celle que tout le monde voulait gagner. Te rends-tu compte de ce que cela signifie ? Pourquoi fronces-tu les sourcils ?

Pascal ne le dit pas, mais en réalité il sait pourquoi Socrate fait preuve d'un tel manque d'enthousiasme. Il a vu son regard sur le podium en direction du Hollandais Spinoza, quand celui-ci endossait le maillot jaune du leader au classement général après sa troisième place sur l'étape.

Le désir est l'essence même de l'homme. Et quels sont les objets de ce désir ? Ce que l'on n'est pas, ce que l'on n'a pas, ce dont on manque. Le cycliste est un éternel insatisfait, si bien que, même quand il est vainqueur (ce qui n'arrive pourtant pas si fréquemment, quand on sait que près de deux cents coureurs composent un peloton), il se dit qu'il aurait pu gagner mieux, gagner plus.

Il n'est rien de pire pour un sportif que d'avoir atteint tous ses objectifs. Nombreux sont les athlètes au sommet de leur sport qui, au lieu de profiter du septième ciel, dépriment de n'avoir plus aucune étoile à aller décrocher. L'homme est ainsi : il se laisse dépérir quand il n'est plus en chasse.

Alors, plutôt que de se satisfaire de sa prise, Socrate décide de rester chasseur. Il a peut-être remporté une étape, mais maintenant il veut plus. Il veut conquérir la tunique sacrée, le célèbre maillot jaune…

Étape 6 – Vesoul / Troyes – Le peloton, cette masse infernale

Jusqu'à présent, le Tour de l'équipe de France fut assez anonyme. Exception faite de la belle performance d'Anquepil sur le contre-la-montre inaugural, les tricolores n'ont guère brillé. Non pas qu'ils aient été mauvais, loin de là : Anquepil occupe toujours une honorable place dans les dix premiers au général, Jean Vraczyk a obtenu plusieurs accessits dans les sprints, et Maurice Tarin semble monter en puissance de jour en jour, malgré son âge avancé. Seul Blaise Pascal, encore en manque de compétition, connaît un début de Tour vraiment difficile.

Les performances de l'équipe de France sont donc globalement correctes. Seulement voilà, la pression médiatique et populaire étant ce qu'elle est, les coureurs français ne peuvent se contenter d'être moyens. Ils doivent être bons, excellents même, exceptionnels ! Ils doivent faire vibrer leur public.

Au soir de la sixième étape, au terme d'une longue journée marquée par la chaleur, Sartre décide de convoquer ses ouailles pour un débriefing. Comme chaque jour depuis le début du Tour, les coureurs français ont passé une journée bien au chaud dans le peloton et, sans avoir été ridicules (Vraczyk ayant pris la cinquième place de l'étape), ils n'ont pas réalisé de coup d'éclat. Le manager français se doit de réagir.

Rendez-vous est donc donné dans le bus, à vingt heures précises, entre les massages et le repas. Sartre prend aussitôt la parole :

— Messieurs, si je vous ai réunis exceptionnellement ce soir, c'est parce que la situation actuelle ne me convient guère. Je dirais même plus : elle ne me plaît pas du tout. Pourquoi cela ? Parce que dans la voiture suiveuse, toute la journée, je m'ennuie. Jamais je ne m'enflamme, jamais vous ne me donnez l'occasion de rêver à quelque chose de grandiose ! J'ai comme l'impression que vous vous enfermez dans des rôles établis, et que vous vous condamnez à ne jamais y déroger. Toi, Jacques, pourquoi te contentes-tu de suivre tout le temps ? Tu assures ta place dans le top dix, OK. Mais si tu attaques, si tu prends le risque de te découvrir, peut-être pourras-tu viser encore plus haut ! Jean, tu sais bien que tu n'es pas le plus rapide dans les arrivées groupées. Anticipe le sprint. Ose ! Peut-être seras-tu revu aux quatre cents mètres, mais peut-être aussi parviendras-tu à résister… Quant à toi, Maurice, qu'attends-tu pour te lancer dans ces longues échappées dont tu as le secret ? Que nous soyons en quatrième semaine ? Une fois arrivés à Paris il sera trop tard… J'accepte que Blaise reste dans les roues. Atteindre Paris serait déjà un succès pour lui, qui chaque jour traîne sa misère à l'arrière… Mais vous autres, pourquoi n'êtes-vous pas plus offensifs ? Diantre, un peu d'engagement ! Quoi, que me dites-vous ? Que ce n'est pas si facile, que nous ne sommes pas dans un jeu vidéo, et que l'adversité vous empêche de faire ce que vous voulez ? Justification facile ! Mauvaise foi ! Vous vous trouvez de fausses excuses pour ne pas agir. L'idée d'attaquer t'angoisse, Jean ? Ce sentiment ne doit pas te brider, mais au contraire t'aider à te dépasser, car il est le signe de ta liberté. Et toi, Jacques, que dis-tu ? Je n'entends pas très bien… Que l'enfer, c'est les autres ? Peut-être… Peut-être en effet le peloton est-il une prison macabre, avec ses habitudes et ses codes qui vous engluent en lui. Cette masse grouillante de cyclistes décharnés vous attire vers ses tristes et tièdes profondeurs. Mais qui vous empêche de vous libérer ? Certainement pas moi. Je vous enjoins au contraire d'user de votre liberté, de faire voler en éclats les schémas de course préconçus. Plutôt que de rester bien au chaud dans le peloton sous cette infernale moiteur estivale, agissez, attaquez ! Profitez-en, il n'y a pas tant de managers qui tiennent un tel discours. Mais peut-être l'enfer, finalement, est-ce vous-mêmes, qui avez trop peur de sortir de vos certitudes…

Après ces mots, personne n'osa intervenir. Les coureurs descendirent du bus sans un bruit. Au dîner, ils n'échangèrent presque aucun mot. Que pensent-ils ? Le message est-il passé ? Ou bien l'incompréhension s'est-elle installée entre les coureurs et leur dirigeant ?

Étape 7 – Troyes/Nuits-Saint-Georges – S'échapper des ténèbres…

Le lendemain, dans la file des véhicules suiveurs derrière le peloton, Sartre est fébrile à son volant. Plus encore que les jours précédents, il est à l'affût de la moindre information émanant de Radio Tour à propos du déroulé de l'étape. Un œil sur la petite télé installée sur le tableau de bord, il cherche à distinguer ses coureurs dans les premières positions, au milieu de cette boule chamarrée prête à se livrer à une nouvelle bagarre vélocipédique.

Nous sommes dans le départ fictif. Encore quelques hectomètres en ville, et le directeur de la course agitera son drapeau pour signaler la fin de la section neutralisée et libérer les coureurs. Ça y est, le départ réel est donné ! On annonce aussitôt un coureur allemand et un coureur français à l'offensive. Comme souvent sur les étapes plates, le peloton ne réagit pas. Le maillot jaune s'arrête même pour satisfaire un besoin naturel, signal tacite qu'un permis de sortir est accordé aux fuyards. C'est bon : ce sera l'échappée du jour.

Sartre a beau savoir que les chances de succès des deux hommes de tête sont proches de zéro, les équipes de sprinters étant amenées à contrôler la course pour favoriser une nouvelle arrivée groupée, il est tout de même heureux et excité de constater que son discours de la veille a été entendu. Sur son siège, il se tortille. Mais quelle est l'identité de son coureur à l'avant ? Certainement pas Anquepil, ni Vraczyk. Tarin sans doute. Ce dernier est adepte des longues chevauchées. La télé ne fonctionne pas, les véhicules suiveurs traversant une zone de forêt où l'antenne ne capte aucun réseau. Enfin, une annonce est faite sur Radio Tour :

« Voici l'identité des deux coureurs de tête, qui comptent déjà au kilomètre quatre une avance de quarante-cinq secondes : dossard numéro dix-sept, Marx, pour l'équipe d'Allemagne ; dossard numéro soixante-six, pour l'équipe de France, Pascal. »

Pascal ? Ce n'est pas possible. Les commissaires ont dû faire une erreur ! Pascal avait déjà du mal à tenir le peloton les jours précédents. Il ne peut faire partie des échappés aujourd'hui.

Les commissaires indiquent aux véhicules suiveurs des équipes concernées qu'ils peuvent rejoindre leurs coureurs à l'avant de la course, pour leur communiquer des consignes, les ravitailler et les dépanner si besoin. Sartre s'empresse de remonter le peloton, non sans en avoir observé attentivement l'arrière, en tâchant d'y repérer Pascal, qui y a ses habitudes. Mais non, c'est bien vrai : Pascal est à l'avant, et il semble ne pas compter ses efforts pour faire croître l'avance de cette échappée.

— Calme, mon petit. C'est bien ce que tu fais, mais ne t'enflamme pas trop non plus. L'étape est longue. Il fait chaud encore une fois aujourd'hui. Pense à bien boire et bien manger. Et ménage tes efforts, laisse ton compagnon de route travailler. De toute façon, que tu roules fort ou non, c'est le peloton qui décide de l'écart.

Sartre est resté professionnel et sobre dans ses consignes, mais au fond de lui il est extrêmement fier du comportement de ce néophyte du Tour, qui en a bavé pendant des jours, et qui aujourd'hui relève la tête en se lançant dans la bagarre. Bien sûr, c'est peine perdue. Le peloton reviendra tôt ou tard. Tout de même, cela fait du bien de constater un peu de panache !

Durant la majeure partie de l'étape, le peloton stabilise l'écart entre quatre et cinq minutes. Cela peut paraître beaucoup, mais en réalité ce n'est rien : dès que les équipiers de sprinters appuieront leurs relais, l'avantage des hommes de tête fondra à vitesse grand V. C'est la force du nombre... D'ailleurs, à cinquante kilomètres de l'arrivée, le peloton s'est déjà rapproché à une minute trente des fuyards. Trop tôt : les équipes de sprinters décident de légèrement lever le pied, de sorte à ne pas revenir trop vite, ce qui les exposerait à des contre-attaques de coureurs frais, beaucoup plus difficiles à contrôler que deux échappés en bout de course.

À l'avant, on ne s'est pas affolé. Suivant les consignes de Sartre, Marx et Pascal ont économisé au maximum leurs efforts dans la première partie de l'étape, pour pouvoir encore accélérer dans le final. Quand le peloton a commencé à vouloir se rapprocher, les échappés n'ont pas modifié leur allure. Ils savent bien qu'un regroupement général trop précoce n'est pas dans l'intérêt des sprinters.

À un moment ou à un autre, le rythme ralentira derrière eux. C'est là qu'il faudra accélérer violemment, afin de surprendre le peloton et d'accroître d'un coup son avantage.

Ainsi, à cinquante kilomètres de l'arrivée environ, alors que certains coureurs dans le groupe principal profitent du ralentissement général pour satisfaire un dernier besoin urinaire ou descendre à la voiture récupérer quelques bidons, Marx et Pascal – informés de la situation à l'arrière – décident enfin de se livrer à fond, de jouer le tout pour le tout. Stratégie payante puisque, au pointage suivant, l'écart est remonté à quatre minutes. Le temps que les équipes de sprinters se réorganisent, et c'est quatre minutes trente d'avance que comptent les fuyards à trente-cinq kilomètres de l'arrivée !

Dans sa voiture, Sartre s'échauffe et rougit à vue d'œil. Serait-ce la chaleur, toujours étouffante, qui l'incommode ? Non, c'est l'adrénaline qui commence à monter ; c'est qu'il commence à croire aux chances de succès de son poulain ! « Vas-y, mon petit, vas-y ! Tu es en train de faire quelque chose de grand ! » hurle-t-il régulièrement en direction de Pascal, la tête sortie de la voiture, tout en demandant à l'oreillette aux autres membres de l'équipe de France de venir perturber la chasse à l'avant du peloton.

Encore trois minutes à vingt kilomètres de l'arrivée… Si la loi de Chapatte dit vrai – « Un peloton reprend une minute par tranche de dix kilomètres à une échappée matinale » –, alors cela devrait pouvoir le faire ! Mais cette loi est-elle toujours valide dans le cyclisme des temps modernes, où les sprinters disposent autour d'eux d'une force collective toujours plus impressionnante ?

Quoi qu'il en soit, à présent, plus personne ne calcule ses efforts. À l'avant, l'engagement est total. Marx et Pascal donnent tout ce qui leur reste, sans arrière-pensées, comme dans un Trophée Baracchi, cette mythique épreuve contre la montre disputée en binôme. À l'arrière, panique à bord : ce sont maintenant près d'une dizaine de coureurs de différentes équipes qui se sont unis et mènent grand train, le couteau entre les dents.

Une minute vingt à la banderole des dix kilomètres… L'écart a fondu, mais cela reste jouable. Car les coureurs reprendront vent de dos dans les derniers kilomètres, ce qui est favorable aux hommes de tête.

Mince ! À huit kilomètres de l'arrivée, Marx lâche sur un relais appuyé de Pascal dans un long faux plat montant. Déjà qu'à deux le pari était loin d'être gagné, seul cela relèverait de l'exploit, voire du miracle… Mais Pascal a la foi, et Sartre croit lui aussi que rien n'est impossible.

« Allez gamin, donne tout ! » beugle le manager, comme si son coureur ne donnait déjà pas tout… « Ne calcule pas, la victoire te tend les bras. Allez mon petit ! »

Les commissaires font signe au manager de l'équipe de France que l'écart est passé sous la minute, ce qui implique qu'il ne pourra plus réglementairement rester intercalé entre l'échappé et le peloton. Comme au départ, il devra vivre la fin de la course à distance, soumis à ce que la réalisation télé ou Radio Tour voudront bien transmettre comme informations.

À six kilomètres de l'arrivée, il se gare pour laisser passer le peloton. Il en profite pour réaliser son propre pointage. Trente-cinq secondes. À l'oreillette, il en annonce quarante-cinq à Pascal. Qu'est-ce qu'un petit mensonge, si celui-ci peut motiver son coureur et l'aider à gagner une étape du Tour ? Quand les premiers coureurs du peloton passent à sa hauteur, il tâche d'analyser leurs visages pour y déceler le rictus de la douleur, sans y parvenir en raison de la vitesse. « Go go, mon Pascalou ! Ils sont à fond derrière ! Ça va le faire ! »

En vérité, les équipiers de sprinters sont bel et bien à fond. Affichant des expressions de suppliciés, ils sont proches de la résignation, ne pouvant plus guère accélérer. Plus que deux kilomètres, et toujours vingt-cinq secondes. La victoire est envisageable !

« Allez mon grand ! Tu y es presque ! Rappelle-toi d'où tu viens ! Pense à la gloire qui t'attend ! Pense à ta femme et à tes enfants ! » Emporté par son enthousiasme, Sartre ne s'est pas demandé si Pascal avait bien femme et enfants. Dans le doute, il se reprend : « Pense à l'immortalité que te conférera cette victoire ! Les autres resteront anonymes, toi ton exploit traversera les siècles ! Plus qu'un kilomètre. Allez mon petit, bon Dieu ! Ils sont à tes trousses, ces petits diables, mais ils ne vont pas t'avaler ! Surtout ne te retourne pas ! Se retourner, c'est douter, c'est perdre le fil de son effort quelques instants, c'est donner prise au vent de la défaite, c'est abdiquer. Tu dois rester concentré ! Allez, jusqu'au bout ! C'est presque fini, tu es presque sauvé… Mais surtout, ne te retourne pas, ne te retourne… »

Et soudain une communication de Radio Tour : *« On annonce la chute aux quatre cents mètres du concurrent échappé, le dossard soixante-six, Pascal. »*

Pascal s'est retourné. Tel Orphée désespérant de contempler son aimée Eurydice, il n'a pu s'empêcher de jeter un œil en direction de cette masse infernale à ses basques. Il avait course gagné. Il a voulu s'en assurer, en jaugeant de son avantage. Une petite rainure scarifiait la route. Pascal regardait derrière, il ne l'a pas vue. Sa roue avant s'est engagée dans l'interstice, le déstabilisant, éteignant ses illusions.

Prostré contre le volant de sa voiture, Sartre est inconsolable. « On est maudits, on est maudits… », se lamente-t-il à n'en plus finir.

Étape 8 – Dole/Les Rousses – Sagesse et folie, sagesse de la folie

Sur le Tour, pas le temps de s'apitoyer sur son sort, pas le temps de succomber au désespoir, pas le temps de laisser les émotions s'installer. Aussi profondes soient-elles, il faut panser ses plaies d'un jour sur l'autre, parce que chaque matin commence une nouvelle aventure.

Quelles péripéties verront le jour lors de cette huitième étape ? Pour l'instant, il est trop tôt pour le dire. Ce dont on peut parler, c'est du terrain de jeux proposé : un parcours de cent quatre-vingts kilomètres à travers le Jura, vallonné à souhait ; une vraie étape de moyenne montagne propice à une course de mouvement !

Nous pouvons aussi présenter les forces en présence, les enjeux de l'étape, les ambitions de chacun. Les objectifs sont divers, et parfois contradictoires : beaucoup auront pour but d'intégrer l'échappée du jour, laquelle a de grandes chances de se disputer la victoire d'étape ; Pascal, de son côté, voudra juste arriver au bout de cette journée dans les délais de temps impartis, en récupérant de l'effort intense produit la veille, ainsi que des courbatures et contusions consécutives à sa chute ; Spinoza cherchera à défendre son maillot jaune de leader ; tandis que Socrate rêve de lui ravir…

Mais Spinoza semble fort. Il ne sera pas facile à décrocher. D'autant qu'il peut s'appuyer sur une équipe solide.

Alors il faudra biaiser, ruser, innover. Si Socrate attend les derniers kilomètres pour passer à l'offensive, il sera aisément ramené dans le rang. S'il se contente de demander à ses équipiers d'imprimer un gros tempo en espérant une défaillance, il risque d'être déçu. Son credo : tenter, pour ne rien regretter ; oser, s'exposer, attaquer !

Oui, mais quand ? Il faudra trouver le moment opportun : ni trop tôt pour ne pas s'épuiser inutilement à l'avant, ni trop tard pour que puissent encore se creuser des écarts significatifs. Tout est une question de *timing* ou, selon le mot d'Aristote, de *kaïros*.

Que désigne ce mot de *kaïros* ? Est-ce encore une histoire de juste mesure ? Nullement. Le *kaïros* n'est pas de l'ordre du calcul rationnel, ou du contrôle. Bien au contraire, il est l'art de *sentir* le moment favorable, celui où il faudra précisément sortir du calcul et lâcher prise, celui où il sera possible d'enflammer la course.

La vie d'un sportif de haut niveau est à quatre-vingt-quinze pour cent constituée de retenue, de maîtrise – d'apollinien, dirait Nietzsche, en référence au dieu grec de la beauté, de la juste proportion et de la poésie. Le temps de la préparation sert précisément à gommer toute part d'imprévu, à objectiver sa performance, à lui donner une métrique quasi scientifique. En course, il s'agit encore de maîtriser tous les paramètres : il faut gérer son effort bien entendu, mais également surveiller en permanence son positionnement dans le peloton, son alimentation, son sommeil, ses propos face aux médias, etc. Tout le temps, il faut être dans le contrôle.

Tout le temps, ou presque… Au milieu de cet océan de rationalisation, une vague de folie peut toujours s'élever. Mieux encore : elle *doit* s'élever, pour que le cycliste, de coureur honnête, parfaitement moyen, devienne champion. Cette vague irrationnelle est affaire de *kaïros*. Tout est sous contrôle et puis, à un moment donné, sans que l'on sache pourquoi, on sent qu'il faut laisser place au risque, à l'excès, à la démesure. Apollon doit s'éclipser devant Dionysos, dieu du vin et de l'ivresse…

Socrate est un coureur essentiellement apollinien. En témoignent son contre-la-montre parfaitement géré, son sang-froid lors de sa victoire à la Planche des Belles Filles, ou encore sa préparation hivernale méticuleuse, signes de sa volonté d'éradiquer tout hasard. Mais Socrate est aussi un champion, qui sait laisser place au dionysiaque le moment venu. Aujourd'hui, entre Dole et la station des Rousses, le moment est venu. Il est temps de transformer la sagesse en folie, et de partir à la conquête de la tunique tant convoitée.

L'équipe grecque a placé Aristote dans l'échappée matinale. C'était le plan : mettre un homme devant, qui puisse éventuellement servir de relais à Socrate dans un deuxième temps. L'improvisation se prépare…

Les coureurs évoluent sur des routes escarpées, où bosses et descentes se succèdent. L'équipe des Pays-Bas gère l'écart assez confortablement, Érasme, rouleur infatigable. Ils pensent passer une journée relativement tranquille.

Soudain, à plus de quarante kilomètres de l'arrivée, Socrate place un démarrage tranchant dans une montée assez raide. Le voilà ce fameux coup de folie ! Érasme, surpris, ne réagit pas de suite. Spinoza non plus. Plutôt que de se désorganiser en voulant rattraper au plus vite l'importun, les Hollandais décident de revenir au train. Que Socrate se fatigue à l'avant inutilement : il perdra d'autant plus de temps dans le final quand il sera repris après son attaque suicide !

Sauf que Socrate ne semble pas se fatiguer. Bien au contraire, il accroît rapidement son avance, transcendé par ce maillot jaune qui l'attend au bout de l'effort. Sur des routes sinueuses qui l'avantagent, il prend tous les risques dans les descentes, comme s'il était hors de lui-même. Dans les montées, il est aérien. Socrate est en feu, en apesanteur, en pleine extase.

Dans l'échappée, Aristote a été averti de l'offensive de son leader. Abandonnant ses chances de succès d'étape à une cause supérieure, il se laisse décrocher du groupe pour attendre le contre-attaquant. Une fois Socrate revenu à sa hauteur, il se met à plat ventre pour faire grandir l'écart.

Derrière, les Hollandais commencent à prendre la mesure de la menace. Ils s'emploient activement à ramener à la raison l'impétrant. Trop tard : Socrate est parti et il ne sera plus revu. Il franchira la ligne avec cinquante-six secondes d'avance sur Spinoza. Il en avait vingt-huit de retard au général. Son pari s'est révélé payant. Le maillot jaune est à lui.

Le soir après l'étape, tous les suiveurs, fascinés, s'interrogent : cette offensive spectaculaire avait-elle été réfléchie ? En partie bien sûr. Socrate savait qu'il devrait prendre des risques. Mais espace avait aussi été laissé à l'inspiration, à l'improvisation, à l'imprévu… Socrate a vu cette montée raide qui se présentait devant lui. Il savait qu'Aristote se tenait prêt à l'épauler à l'avant de la course. Son instinct lui a intimé de lancer les dés. Ceux-ci sont retombés du bon côté. Parfaite union du savoir et du sentir, dosage grandiose du contrôle et de l'excès. *Kaïros.*

Étape 9 – Nantua / Chambéry – Question de perspective

Après plus d'une semaine de course, les coureurs sont épuisés. Il leur tarde d'être à la première journée de repos, prévue pour le lendemain. Mais avant cela, il faudra résister à une neuvième étape qui s'annonce terrible : cent quatre-vingt-un kilomètres entre Nantua et Chambéry, avec au programme pas moins de quatre mille cinq cents mètres de dénivelé et quatre cols à dix pour cent de déclivité moyenne. Du jamais vu !

Évidemment, cette étape fait peur. À tout le monde. Tandis que les non-grimpeurs s'inquiètent de rentrer dans les délais, les favoris du Tour redoutent un jour sans, qui viendrait doucher tous leurs espoirs de bon résultat final.

Socrate en particulier s'attend à une journée difficile. Après son exploit de la veille, il craint le contrecoup. Sur une épreuve de trois semaines, tous les efforts finissent par se payer… D'autant que ses adversaires, hollandais et autres, n'hésiteront pas à réclamer l'addition s'ils sentent le tout nouveau maillot jaune fléchir. Ainsi va le Tour : de chasseur l'on devient vite chassé ; et ce que l'on a si chèrement gagné peut vous échapper en un instant…

Loin de ces préoccupations de coureurs, des spectateurs se préparent à assister au passage des athlètes, quelque part sur le bord de la route du col du mont du Chat, dernière difficulté du jour. Passionnés installés sur place dans leur caravane depuis plus d'une semaine, supporters endiablés, vacanciers venus en touristes, autochtones curieux de découvrir leur territoire habillé aux couleurs du Tour, cyclos désireux d'emprunter les mêmes routes que leurs idoles… – un public hétéroclite est réuni grâce à la magie de juillet.

Nous sommes en fin de matinée, et les premiers coureurs ne sont attendus qu'en milieu d'après-midi. Alors il faut bien faire passer le temps. On improvise un barbecue, on sirote quelques pastis, on débat sur les chances de succès des uns ou des autres. Il fait beau. L'ambiance est détendue, bon enfant.

À Nantua, au même moment, l'atmosphère est toute différente. Les coureurs sont maintenant rassemblés sur la ligne, quelques minutes avant le départ. Une tension inhabituelle est perceptible. Alors que généralement les coureurs discutent et plaisantent entre eux durant cette avant-course, aujourd'hui aucune voix ne se fait entendre. Chacun semble concentré sur ce qui l'attend.

On annonce du soleil, mais le ciel est pour l'instant menaçant. Une inquiétude de plus pour les coureurs : comment s'habiller ? Chasuble ou pas chasuble ? Manchettes ou pas manchettes ? Gare à l'onglée dans les descentes… Gare à la surchauffe dans les montées… Certains dégonflent aussi un peu leurs boyaux. On ne sait jamais, si la route est glissante, ça donnera un peu plus d'accroche. D'autres se demandent s'ils ont assez mangé le matin. Dans le doute, par peur de la fringale, ils piochent dans leur poche un gâteau de riz. Ils en grignotent une partie, juste au cas où. Mais pas trop non plus, il ne faudrait pas être ballonné lors de la première montée, qui interviendra dès le kilomètre zéro.

Pendant ce temps, au mont du Chat, on ne se pose pas ces questions : c'est T-shirt et saucisses pour tout le monde. Pastis aidant, les discussions s'animent entre supporters. On se demande combien de temps ce fameux Socrate, venu de nulle part, va continuer à faire illusion. Certains mettent en doute sa probité. D'autres le défendent, affirmant qu'il doit son actuelle réussite à sa remarquable intelligence de course. Des cyclos hollandais, vexés après l'étape de la veille, lui prédisent un terrible retour de bâton. Ils annoncent une victoire d'un Spinoza revanchard, après un grand numéro.

Une séance de paris est alors improvisée. Outre Spinoza, le nom d'Anquepil revient souvent dans les pronostics. Des supporters allemands évoquent aussi Ullrig, en second rideau depuis le début du Tour, mais qui, selon eux, se préservait pour frapper un grand coup lors de cette neuvième étape.

Le départ a été donné, et les coureurs sont déjà dans la première difficulté du jour. Comme on pouvait s'y attendre, le rythme du peloton est extrêmement rapide. Assez vite, une échappée importante – près de trente coureurs – se détache. L'équipe gréco-latine, désormais obligée de contrôler la course, a « filtré » les coureurs qui se portent à l'avant, afin de ne pas laisser partir un homme bien placé au général. Diogène, Aristote, Machiavel et consorts vont pouvoir laisser un peu de champ au groupe de fuyards.

Problème : comme c'était à craindre, les sensations de Socrate sont mauvaises. Autant hier il avait « la socquette légère », autant aujourd'hui « les cannes sont raides ». La journée va être longue…

Au mont du Chat aussi. Heureusement, la caravane publicitaire est là pour occuper les spectateurs. Pendant près d'une heure, comme dans un carnaval géant, les véhicules défilent, rivalisant d'extravagance pour être remarqués. Marque après marque, les musiques se succèdent, et avec elles les étudiants chargés trois semaines durant de mettre l'ambiance, en criant et dansant sur le toit des chars. Tout cela crée un patchwork visuel et sonore à nul autre pareil, qui confère au Tour une partie de son identité. Et puis il y a les fameux « cadeaux » lancés aux spectateurs : mini-saucissons, bonbons, bobs, porte-clefs… Aucun objet de valeur bien entendu ; et pourtant adultes comme enfants se précipitent pour recueillir les précieux trésors. Car, encore une fois, ce qui importe, c'est la chasse, et non la prise.

Une fois la caravane passée, certaines personnes s'en vont déjà. Elles étaient venues pour l'ambiance, et n'ont guère d'intérêt pour la course en elle-même. D'autres, en revanche, allument leur vieux poste de radio, apporté pour l'occasion, et viennent s'informer des événements en cours :

« La course explose désormais dans le col du Grand-Colombier, pénultième difficulté du jour ! À tous les échelons, il y a du mouvement. À l'avant, le groupe d'échappés a été réduit à une dizaine de coureurs, sous l'impulsion notamment du coureur espagnol, Frederico Vayamontes, qui nous fait très

belle impression dès que la route s'élève. Et à l'arrière, l'équipe de France a pris les choses en main, en accélérant par surprise dans la descente précédant le col, provoquant de nombreuses cassures au sein du peloton. Tout est à peu près rentré dans l'ordre au pied du Grand-Colombier, mais les Américains ont pris le relais des Français et maintiennent un rythme soutenu, ce qui génère beaucoup de dégâts dans le groupe principal. Celui-ci n'est plus à présent constitué que d'une vingtaine d'unités. Derrière, c'est la débandade. Les coureurs sont un par un. Pour l'instant cependant, aucun favori ne semble distancé. Mais attention, Socrate, le maillot jaune, se trouve dans les dernières positions du peloton, et semble batailler pour suivre le tempo imposé par les coureurs de l'équipe au drapeau étoilé. Coup de bluff ou réel jour sans ? Nous le saurons dans les prochains kilomètres. »

Cette fois, c'est du sérieux. Finies les saucisses, finies la caravane et la fête. Place au sport. Les coureurs se rapprochent. La tension monte. Le drame se noue. Plus qu'une heure environ, et les spectateurs dans le mont du Chat assisteront à l'épilogue de cette étape dantesque. Qui va déboucher le premier, au détour du lacet en contrebas ? Il tarde au public de le savoir. Chacun se prend désormais au jeu de la course, tandis que le suspense monte.

Dans la tête de Socrate, il n'y a plus de suspense. Il s'est accroché toute la journée pour défendre son maillot jaune, mais il sait à présent que son heure est venue. L'heure de sa défaillance. Dans les contreforts de l'ascension finale, il sent ses dernières forces l'abandonner petit à petit. Il a beau se concentrer sur l'efficience de son coup de pédale, gérer son effort au mieux, il se voit implacablement distancé, mètre après mètre. Ses adversaires s'en aperçoivent vite, et accélèrent d'autant plus. Socrate est en train de perdre tout espoir de succès au classement général du Tour.

Juste devant les coureurs de tête, la voiture ouvreuse diffuse l'information par haut-parleur : « Dès le pied du mont du Chat, le maillot jaune est lâché, irrémédiablement lâché ! » Les spectateurs sont donc au courant des événements concernant le groupe des favoris ; mais aucunement de ce qui se trame en tête de course. Les rescapés de l'échappée ont-ils conservé un avantage suffisant pour se disputer la victoire d'étape ? Qui va profiter de l'ultime montée pour s'isoler à l'avant et aller remporter un succès de prestige ? Vayamontes semblait fort dans les difficultés précédentes. Beaucoup s'attendent à le voir se détacher. Même les supporters allemands semblent résignés. Ullrig ne s'imposera certainement pas aujourd'hui.

Les dernières motos de sécurité passent. Au loin, on aperçoit la foule en délire s'écarter au dernier moment, libérant un étroit passage à la tête de course. C'est un homme seul qui ouvre la route ! Vayamontes à coup sûr… Mais non ! Mais… quel est ce maillot ? Il ne ressemble à aucun drapeau connu. Non, ce n'est pas possible… Serait-ce Nietzsche, le seul concurrent évoluant sous couleurs neutres ? Oui, c'est bien lui ! Incroyable !

Après son fait d'armes sur la première étape contre la montre, Nietzsche avait vécu une première semaine des plus moyennes, si bien que beaucoup avaient déjà oublié sa présence sur le Tour. Anonyme parmi les anonymes, le vélosophe passait ses journées au cœur du peloton, au chaud. Jamais il ne s'était retrouvé parmi les premiers lâchés, mais jamais non plus il ne s'était montré à son avantage. Sans doute cherchait-il à se faire oublier. Il y parvint, si bien que personne, dans cette étape vers Chambéry, n'avait songé à signaler sa présence au sein de l'échappée. Sans doute aussi Nietzsche n'aimait-il pas la plaine et les vallées. Il attendait la haute montagne, la grande montagne, pour enfin se révéler. À présent tous les regards sont braqués sur lui.

Quand enfin le mur humain s'ouvre devant eux, les supporters allemands sont immédiatement subjugués par l'impression de puissance dégagée par le coureur de tête. Le coup de pédale de Nietzsche est délié, aérien, limpide ; son souffle parfaitement posé. En guise de rictus, là où d'autres ont le visage déformé par l'effort, le grimpeur-philosophe se contente d'un léger sourire aux commissures des lèvres, unique signe d'une douleur qui, si elle est bien présente, n'est pas subie, mais voulue. Nietzsche semble jouer avec son vélo. Il semble danser avec la souffrance.

Les supporters allemands sont littéralement tombés sous le charme du champion. Pour autant, ils n'encouragent pas leur compatriote. Ils ne l'applaudissent pas non plus. Que Nietzsche porte ou non le maillot germanique, là n'est pas le problème ; non, c'est tout simplement que, au lieu d'adorer, d'idolâtrer l'homme, les Allemands préfèrent admirer l'exploit, la performance physique pure. Et quand ils croient déceler un regard furtif jeté par l'échappé en leur direction, ils se sentent eux-mêmes participer à cet exploit, comme s'ils étaient transportés sur le vélo, comme s'ils pédalaient avec Nietzsche vers les sommets.

Trente secondes plus tard, le coureur a disparu. L'exaltation est retombée. D'autres cyclistes défilent, un par un, chacun pour soi face à la pente et à la fatigue. Les supporters allemands ne retrouveront avec aucun des poursuivants ce sentiment magique de communion qu'ils avaient eu avec l'homme de tête. Mais d'autres spectateurs nourriront une passion du même acabit pour d'autres coureurs : qui avec Vayamontes, héroïque dans son acharnement pour rattraper Nietzsche ; qui avec Spinoza, grandiose dans son désir de récupérer ce qu'on lui avait volé la veille ; qui avec Socrate, au regard vide, mais rempli de la grandeur de son désarroi...

Des heures d'attente, parfois des jours, pour quelques secondes fugitives de passion. La balance est déséquilibrée. Et pourtant, l'intensité de ces instants de communion sportive justifie le temps passé à les espérer.

Athlètes et spectateurs vivent dans deux mondes radicalement différents. Les uns sont pleinement dans l'action. Ils jouent tout sur quelques heures de course. Le Tour est une affaire sérieuse pour eux. Et souvent ils s'énervent de ces touristes en maillot de bain qui les regardent passer distraitement sur le bord de la route, ou de ces pseudo-supporters qui courent à leurs côtés dans les montées, quand ils ne les insultent pas. Les coureurs voudraient que le public ne soit là que pour eux.

Les spectateurs sont généralement là pour se délasser. Ils s'amusent de suivre le Tour, comme l'on s'amuse de suivre un feuilleton. Ils y accordent certes de l'importance… jusqu'à ce que des choses vraiment importantes reprennent le dessus. Au bout du compte, le Tour est pour eux un passe-temps.

Cependant, en dépit de tout ce qui les distingue, il arrive tout de même qu'acteurs et observateurs se rencontrent, et que la magie surgisse. Leurs deux mondes, en apparence si éloignés, en viennent parfois à se superposer, l'espace d'un instant, le temps d'un regard. De cette rencontre fugace, tous ressortent grandis. Par la suite, bien sûr, chacun regagne son monde, et vaque à ses occupations habituelles – pédaler pour les uns ; travailler, mener sa vie de famille (que sais-je encore ?) pour les autres. Mais il y a eu ce moment, un de ces moments qui font vivre le sport, qui font aimer le Tour, et qui tous nous donnent envie d'y revenir.

Journée de repos – Journée de manque

« Plus jamais ça ! » – voilà ce que se disent pourtant tous les coureurs, après cette terrible étape de montagne où ils ont tellement souffert. Dans l'avion qui les conduit de Chambéry à Bergerac, où les athlètes auront droit à une journée de repos le lendemain, tous se promettent de ne plus jamais aller aussi loin dans la douleur. Du premier au dernier, de Vayamontes (finalement vainqueur de l'étape, au prix d'une belle dernière descente lui ayant permis de rattraper Nietzsche) à Socrate (arrivé à Chambéry dans un état second, avec plus de quinze minutes de retard sur l'Américain Hilary Pushman, nouveau maillot jaune), tous pensent être allés au bout d'eux-mêmes. Bien sûr le Tour continue, mais jamais ils ne pourront reproduire un effort aussi extrême. Jamais ils ne le voudront. « Quel bonheur que de profiter maintenant d'une journée de repos. Pourvu que cette journée s'étire éternellement ! »

Mais le lendemain, en fin de matinée, de même que les suiveurs du Tour se sentent mélancoliques de ne rien avoir à commenter ce jour, de même il manque quelque chose à tous les coureurs. Ils ressentent un petit vide en eux. Un vide physique. Il leur manque l'adrénaline du départ. Aucune souffrance n'est à prévoir aujourd'hui, aucune douleur n'est à redouter : et cela leur fait paradoxalement défaut.

Freud en est bien conscient : la souffrance est la drogue du coureur, son plaisir masochiste, sa délection morbide. Quelle que soit la répulsion que cette drogue nous inspire, il n'est pas facile de s'en sevrer. « Plus jamais ça, mais vous m'en resservirez bien une petite gorgée ! » se dit-il alors qu'il est allongé sur son lit, attendant avec impatience que la journée s'écoule.

Pascal aussi reconnaît son addiction. « Tout le malheur de l'homme vient de ce qu'il ne sait pas rester en repos vingt-quatre heures sur une chaise », se justifie-t-il, un peu honteux, quand on lui demande pourquoi il a réalisé une sortie de cent kilomètres en ce jour de repos. Que voulez-vous ? L'homme a besoin de mouvement, *a fortiori* depuis qu'il sait que Dieu est mort…

Alors on s'agite, on regrette, on se projette, on anticipe. Certains coureurs analysent tous les classements en détail. D'autres discutent des positions stratégiques de chaque équipe, ou tâchent de calculer les probabilités de succès d'une échappée future. D'autres enfin se plongent dans le *road-book* du Tour, la bible de la course, étudiant minutieusement tracés et profils des différentes étapes qui les attendent en deuxième semaine. Bref, à défaut d'action, on use de subterfuges pour en retrouver l'excitation ; sitôt la réalité de la souffrance oubliée, on rêve déjà d'y regoûter…

Étape 10 – Périgueux/Bergerac – La carte et le territoire

Qu'il est doux de rêver, de simuler le mouvement ! Mais il faut bien que le songe cesse, pour qu'il conserve son charme et ses qualités. Un monde où tout ne serait qu'imagination n'aurait-il pas un goût bien insipide ? Regretter, se rappeler, imaginer, se projeter – tout cela suppose un agir. Se confronter au réel est un impératif.

De cet impératif, de l'impérieuse exigence du terrain, le coureur fait l'expérience au quotidien. Car sans cesse il est confronté à cette grande vérité : si la carte est une chose, le territoire en est une autre.

La carte a pour inconvénient de ne pas changer. Son échelle est immuable, alors que le territoire ne se perçoit pas de la même manière selon qu'il est parcouru en voiture, en avion ou à vélo. Imaginez tous les efforts fournis pour se mouvoir sur une centaine de kilomètres à peine entre Nantua et Chambéry, tout l'acharnement dévolu à gravir les rudes cols alpins… Ces mêmes cols sont survolés en seulement quelques instants, une heure plus tard, par l'avion qui emmène les coureurs dans le sud-ouest de la France. Ces cols ne sont rien. Le « Tour » de France n'est rien. Une broutille. Une heure de vol, et le pays a été traversé. Il y a de quoi rendre fou un cycliste.

Voyez encore comment la carte se gausse du coureur qui prend part à l'étape reliant Périgueux à Bergerac. Sur le papier, ça a l'air plat. Le profil sur le *road-book* est presque lisse. Tous les suiveurs qualifient d'ailleurs cette étape de journée de transition, d'étape de plaine. Elle permettra – disent-ils – aux leaders de se préserver dans les roues, pendant que seuls quelques audacieux se battront pour les honneurs du jour. Las, petites descentes et gros talus se succèdent tout au long de la journée, et sont autant de coups de couteau pour les jambes des athlètes qui, eux, savent bien que la carte ne dit pas tout, et que – leader ou pas – il est impossible de relier un point A à un point B sans devoir appuyer sur les pédales.

Pièges de la carte toujours quand la route empruntée par le Tour, enfin réellement plate, se trouve balayée par un vent de face violent dans les derniers kilomètres de la journée, gênant la progression des échappés, expédiant le bras de fer qu'ils auraient souhaité livrer contre le peloton. Ce n'est pas la carte qui a réduit à néant les espoirs de succès des fuyards ; c'est bien au territoire, et à ses aléas, qu'ils se sont heurtés.

Incomplétude de la carte, enfin, qui ne peut révéler tous les détails d'un espace aussi complexe que celui de l'entrée dans la ville de Bergerac, où sera jugée l'arrivée. Aménagements urbains, rétrécissements, ronds-points – le *road-book* a beau tenter de référencer toutes les subtilités du final, jamais il ne pourra se substituer au ressenti du coureur en situation. La carte donne des indications objectives aux sprinters mais, *in fine*, ces indications sont dépassées par l'instinct, lequel ordonne de se replacer à tel moment, de préférer ce côté de la route parce que le revêtement y est meilleur, de lancer son sprint à l'instant T.

Analyser, décrire, décrypter, oui ; mais rien ne remplacera jamais la présence sur le terrain. N'oublions pas que, au bout du compte, il s'agit de pédaler.

Étape 11 – Eymet/Pau – Appel à manifester

Comme la veille, comme souvent depuis le début du Tour, la onzième étape s'est conclue par un sprint massif. Scénario classique du cyclisme moderne, où le peloton laisse filer dès les premiers kilomètres une échappée facile à contrôler, avant de fondre sur elle dans le final, tel un vautour sur sa proie.

Ce jour, Marx faisait une nouvelle fois partie des courageux fuyards, dont il fut le dernier rescapé, ce qui lui valut de recevoir le titre de « coureur le plus combatif du jour ». Invité après la course sur le plateau de Sport-TV, il en profite pour délivrer un message, comme un manifeste :

« Suis-je fou de me lancer à corps perdu dans pareille offensive, tout en sachant qu'elle est vouée à l'échec ? Je crois plutôt que le fou est celui qui reste caché toute la journée au cœur du peloton, inactif, en dépit de son manque de qualités explosives qui le condamne à l'anonymat dans l'emballage final. Qu'attend-il ? Que le sprint advienne et que quelques coureurs – toujours les mêmes, les grosses cuisses – se partagent les bouquets ? Plutôt que de subir, je préfère tenter. Tenter l'impossible ? Peut-être, mais vous savez : comme disait un camarade, "entre possible et impossible il n'y a que deux lettres, et un état d'esprit"… Le problème est que, pour l'instant, les esprits sont imbibés du vieux système qui commande qu'une étape plate doit se terminer par un sprint. Les coureurs ont si bien intériorisé ce schéma de course, qu'ils n'envisagent même plus d'essayer d'y déroger. Pourtant, aucune loi ne défend d'attaquer ! Le sprint n'est pas une fatalité. Ce sont les coureurs qui font la course. Si nous n'étions pas seulement deux ou trois à parier sur l'attaque, mais dix, vingt, trente coureurs, alors le match serait bien plus équilibré. Notre entreprise n'aurait plus rien de fou, nous ne serions plus de doux rêveurs, nous les baroudeurs, car il serait autrement plus difficile aux équipes de sprinters de nous ramener à la raison. L'union fait la

force. Pour peu que nous soyons assez nombreux, une véritable lutte s'engagerait entre attaquants et équipes de sprinters. Une lutte que nous pourrions gagner ! Nous pourrions renverser la domination des sprinters, et imposer notre vision du cyclisme : une dictature des coureurs de l'ombre, une dictature des prolétaires du vélo ! Pour cela, une seule condition : que nous tous qui ne sommes ni sprinters, ni grimpeurs, nous les coureurs lambda, les sans-grade, les tâcherons, peu importe nos équipes respectives, peu importe que nous soyons cyclistes, philosophes ou vélosophes – j'appelle à ce que, tous, nous nous rassemblions, que nous cessions de travailler pour des leaders qui nous exploitent, et que nous mettions en commun les forces de nos mollets pour construire un cyclisme plus beau, un cyclisme plus sport ! Baroudeurs de tous les pays, unissez-vous ! »

Après ce discours coup de poing, vibrant, assené d'un souffle, les journalistes et consultants de Sport-TV – Thierry, Laurent, Richard – ont la larme à l'œil. Pour peu, ils seraient prêts à accrocher un dossard et partir à l'offensive sur l'étape du lendemain !

Le moment de l'émotion passé, Thierry retrouve néanmoins sa conscience journalistique, et se permet une remarque : « Admettons, comme vous le souhaitez, que les baroudeurs s'unissent, et que vous vous retrouviez à une quinzaine dans l'échappée, ce qui vous garantirait de résister au retour du peloton. Comment se déciderait la victoire d'étape entre vous ? »

À vrai dire, Marx n'avait pas songé à cette question. Une victoire n'est pas quelque chose qui se partage. Renverser l'ordre en place, très bien. Mais quel ordre instaurer en lieu et place de l'ancien monde ? Comment éviter une guerre intestine au sein du parti des baroudeurs ? Il n'y a qu'un seul vainqueur, c'est tout le problème...

Plutôt que d'affronter ce problème, Marx préfère s'excuser auprès des journalistes : il est attendu au massage, et doit donc quitter le plateau télé. La récupération avant tout ! Menons la révolution, se dit-il à part lui ; nous verrons ensuite comment nous nous organiserons...

Étape 12 – Pau/Peyragudes – Le grimpeur zoroastrien

Les plaines insipides s'éloignent. La montagne exaltante se profile à nouveau. Le Tour fait son entrée dans les Pyrénées.

Passé le temps de la mesure, du contrôle et du calcul, c'est l'heure du risque et de l'excès. Celle des héros zoroastriens, des grimpeurs aux pieds déliés ; celle de Dionysos. C'est l'heure de Nietzsche.

Celui que l'on appelle également « l'aigle moustachu » étouffait au sein de ce troupeau qu'est le peloton. Aussi a-t-il pris son envol pour s'isoler à l'avant, dans ce fameux port de Balès qu'il avait repéré quelques semaines plus tôt. Tout préparer pour mieux surprendre...

Fatigué de subir le tempo aseptisé de l'équipe américaine du maillot jaune Pushman, Nietzsche a décidé de dynamiter la course dès le pied de la montée. Tandis que chacun gérait son allure l'œil rivé sur son capteur de puissance, Nietzsche s'est dressé sur ses pédales et, n'écoutant que le capteur de volonté de puissance intégré en chacun de ses sens, il a produit une de ces attaques tranchantes dont lui seul a le secret.

L'entreprise pouvait paraître téméraire, voire suicidaire. De fait, Nietzsche, mû par trop d'envie, en manque de lucidité suite à une ascension de Balès trop intense, et décidément aussi mauvais descendeur qu'il est bon grimpeur, fut victime d'une chute dans l'un des premiers virages de la descente après la bascule. Une chute heureusement sans gravité, dont il se releva même plus fort. Mais trop tard : le groupe des leaders était passé, ôtant une nouvelle fois toute chance au grimpeur zoroastrien de briguer la victoire d'étape.

Un coup pour rien ? Pas tout à fait, car au moins Nietzsche a-t-il pu franchir en première position le port de Balès, récoltant au passage de précieux points pour le classement de la montagne, lesquels lui permirent d'endosser le toujours très populaire maillot blanc à pois rouges.

Chose paradoxale : Nietzsche, le grimpeur solitaire, celui qui a les foules en horreur, devint ainsi la coqueluche du grand public, le perdant magnifique chouchou des suiveurs. Les voies du Tour sont parfois impénétrables…

Étape 13 – Foix/Saint-Girons – Les calembours de Pascal

Dans le bus de l'équipe de France, sur la route ramenant les coureurs vers leur hôtel, Pascal est euphorique : *« Il était une fois, dans la ville de Foix, un coureur qui a eu les foies. Pascal, l'ancien homme de foi, a bien cru que c'était la dernière fois ! »*

Il en rigole maintenant, il s'amuse à enchaîner les rimes faciles et les jeux de mots laids, mais quelques heures plus tôt Pascal ne faisait pas le fier. Car il savait que viendrait le terrible mur de Péguère, et que ça allait être la guerre. Il savait que depuis quelques jours sa santé lui jouait un mauvais tour, et qu'il serait compliqué de continuer le Tour. Déjà que Balès, hier, c'était balèze…

Malade, fatigué, le néophyte souffrait. L'étape du jour, courte, intense, pour sûr l'assommerait. Voyez plutôt : trois cols en à peine plus de cent kilomètres. Dur. Il allait falloir prendre le chronomètre.

Mais assez rimé, et voyons plutôt pourquoi Pascal a tant trimé. C'est la faute aux délais ! Tout coureur, pour continuer l'épreuve, doit en avoir fini avant un temps imparti, à partir du chrono du vainqueur établi. Qui dit étape courte et vive, dit délai étriqué. Et dit malheur pour les non-grimpeurs, ou pour ceux perclus de diverses douleurs.

Pascal appartenait à cette double catégorie. Comment s'en est-il sorti ? Grâce à ses talents en maths ! Dans les premiers kilomètres de l'étape, il avait retrouvé un peu de gnaque, ce qui lui évita d'y passer dès le col de Latrape. Il put s'accrocher à un *gruppetto* de lâchés. Il suffisait ensuite de calculer le retard qu'il leur était permis d'accumuler. Gagné : à trente secondes près, Pascal était dans les délais !

Aussi pardonnez-lui ces pauvres billevesées ; anxiété, fatigue, soulagement mélangés – ne font que rarement merveilleuses pensées.

Étape 14 – Blagnac/Rodez – Pensées pour moi-même

À l'instar de Pascal, Marc-Aurèle fait partie de ces coureurs dont on entend peu parler depuis le début du Tour, de ces coureurs qui souffrent, généralement loin des projecteurs, parfois simplement pour terminer dans les temps impartis.

Personne ne s'intéressant à lui, Marc-Aurèle s'est décidé à écrire un journal quotidien, sobrement intitulé « Pensées pour moi-même ». En voici un extrait :

« Bientôt deux semaines de course. J'avoue me sentir de plus en plus héros stoïcien au fil des jours. *"Supporte et abstiens-toi"*, cette maxime que me répète inlassablement Épictète me hante et me harcèle. Quand je me couche, j'entends encore notre directeur sportif susurrer : *"Allez mon petit, c'est dans la tête. La souffrance n'est rien. Il faut l'oublier, tout peut s'oublier (et s'oublie déjà). Je te rappelle que le vélo est un sport d'endurance : face à la douleur et la fatigue, baisse la tête et fais le dos rond. T'auras l'air d'un coureur..."* Discours facile à tenir, autrement plus ardu à appliquer...

À mesure que le Tour avance, et que la souffrance s'accroît, les envies et les tentations sont de plus en plus présentes. Envie de farniente, de s'extraire de ce grand battage populaire. Envie de retrouver mes proches. Envie de boire une bonne gorgée d'hydromel. Envie de manger trop gras, trop salé, trop sucré... Envie de toutes ces choses frappées d'anathèmes depuis maintenant plusieurs mois.

Mais toujours la même voix m'ordonne d'y résister : *"Détache-toi de toutes ces passions mauvaises. À quoi te sert de rêver à tous ces plaisirs, alors que tu sais bien que tu n'y as pas droit ? Tu es un coureur du Tour, mon ami. La vertu est ton souverain bien. Tu dois mener une vie d'ascète. Abstiens-toi."* S'abstenir... Je ne tiens plus de m'abstenir. Je rêve de m'abstenir de m'abstenir... Et pourtant, stoïcien je dois rester.

Un élément central de la philosophie stoïcienne consiste en la distinction faite entre les choses qui dépendent de nous, et celles qui à l'inverse procèdent d'éléments extérieurs. L'idée est bien sûr qu'il faut faire abstraction de ces dernières (puisque de toute façon nous n'avons pas prise sur elles), et concentrer son énergie sur les premières, là où nous pouvons agir.

Et ce satané Épictète de continuer à me haranguer : *"Ne maudis pas la météo, mon garçon. Tu n'as pas le pouvoir des dieux, ce n'est pas toi qui fais la pluie et le beau temps. Ne t'apitoie pas sur ton sort quand tu es à terre. Ne compte pas sur une défaillance de tes adversaires pour briller. Ce qui importe, c'est de savoir se relever après une chute. Ce qui compte, c'est de donner le meilleur de soi-même."*

Orienter sa volonté là où l'on peut agir, ignorer ce qui ne dépend pas de nous : tiens, j'aimerais bien t'y voir ! Comment faire abstraction des éléments extérieurs, quand un orage s'abat sur vous, que le froid vous ronge et que la fringale vous guette ? Difficile de ne pas se lamenter quand on a frappé le sol, et que corps et âme sont meurtris. J'admets que vouloir la victoire est une condition nécessaire pour gagner, mais ce n'est certainement pas une condition suffisante. Ça se saurait…

En vérité, je vais vous faire une confidence : je ne suis pas un vrai héros stoïcien. Ce soir, Tour ou pas Tour, je vais m'autoriser une petite bière. Mais chut, faut pas le dire à Épictète. »

Étape 15 – Laissac/Le Puy-en-Velay – Le Capital

Au soir de la quinzième étape du Tour, marquant la fin de la deuxième semaine de course, les coureurs allemands sont réunis pour une discussion informelle autour d'un café, après le repas. Le tableau des différents prix de course gagnés par chaque équipe depuis le début de l'épreuve vient d'être révélé. Marx en profite pour soulever un lièvre : celui du partage de ces prix.

Habituellement, l'argent gagné par chacun des membres d'une formation est rassemblé indistinctement au sein d'une sorte de cagnotte, puis divisé par le nombre de coureurs composant l'équipe, plus une part réservée au staff. Une loi tacite veut également que le vainqueur du Tour renonce à sa part, en guise de remerciement envers ses coéquipiers.

Ce principe de mise en commun des biens et de redistribution convient à Marx, mais il souhaiterait aller plus loin. Se penchant sur le tableau récapitulatif des prix, il a découvert des disparités allant de un à dix selon que l'on soit une « petite » formation, ayant obtenu peu de résultats, ou une grosse armada dominatrice. Marx s'érige contre ce système qui rétribue les dominants parce qu'ils sont dominants :

— C'est une honte ! Au lieu de revenir à ceux qui en ont le plus besoin, l'argent est accumulé par ceux qui monopolisent déjà tout. Prenons l'exemple d'une formation comme le Vietnam. Cette équipe ne dispose structurellement que de peu de moyens. De ce fait, elle ne peut être performante et obtenir des résultats synonymes de récompenses pécuniaires significatives. Ces ressources seraient pourtant primordiales pour elle. Elles pourraient servir à l'achat de matériel plus performant, à la programmation de stages préparatoires ou à la structuration du staff – bref, elles pourraient aider à leur développement. Au lieu de quoi tout l'argent va à des équipes qui en ont déjà, comme les États-Unis, qui perçoivent mille euros chaque jour depuis que Pushman est porteur du maillot jaune. Les grands ne veulent pas que les petits grandissent. Ils veulent conserver leur leadership. C'est pourquoi ils s'arrangent pour que leur reviennent les rétributions les plus conséquentes. Ce que je propose : que l'on en finisse avec ce système inique de concentration des richesses ! Je souhaite que la redistribution du capital ne soit plus seulement interne aux équipes, mais qu'elle soit étendue au peloton tout entier, par-delà les nations !

— Mais tu es fou ? s'inquiète Altich. Ce contre quoi tu te dresses, c'est l'idée même de sport. Tu voudrais une compétition qui soit égalitaire. Mais, par définition, la compétition ne l'est pas. Sur la ligne de départ, certains sont grands, d'autres petits. Certains naissent avec un cœur qui bat à quarante-cinq pulsations. Certains ont des gros mollets, etc. Le sport est par nature injuste. Toi, tu voudrais un sport où il n'y ait plus ni premier, ni second, ni dernier ; en résumé, tu voudrais un sport qui n'en soit plus un. Hypocrite chimère… Allons, laisse les Vietnamiens se débrouiller. Et économise ton énergie pour la dernière semaine qui nous attend ; tu y trouveras largement contre quoi lutter.

Altich fut rassuré de constater que son propos semblait infuser dans l'esprit de Marx, et ébranler quelque peu ses certitudes – pour un temps du moins. Après tout, l'Allemagne figure à un bon niveau dans ce tableau des prix. Il ne faudrait pas risquer de voir dilapider ce précieux capital.

Journée de repos –
Le massage ou l'art de la physio-psychologie

Un moment important du quotidien d'un coureur durant le Tour de France est celui du massage. *A fortiori* lors des journées de repos, quand les impératifs horaires sont plus lâches, que l'adrénaline et le stress provoqués par l'effort sont retombés. Le masseur peut alors exorciser sereinement la souffrance physique accumulée depuis le début de l'épreuve.

Tous les coureurs n'appréhendent cependant pas ce moment de la même manière. Pour certains, le massage doit permettre d'entièrement se relaxer. Le soigneur ne devra pas appuyer trop fortement sur les muscles, ni interroger l'athlète sur sa course. Diogène par exemple, en bon vélosophe-chien, apprécie qu'on le caresse en silence. Il trouve là son plaisir, son divertissement, son moment de détente. Il exècre en particulier que le soigneur s'essaie à discuter de choses pseudo-sérieuses, comme la course. Il n'a pas besoin d'être rassuré, d'être libéré d'un poids par la parole, ni que l'on compatisse à ses souffrances.

Freud à l'inverse fait partie de ces coureurs qui aiment à se confier, allongés sur la table de massage. Auprès de son soigneur attitré – Willy Hoedippel –, il se livre, explique ce qui l'a amené au cyclisme, évoque son parcours intellectuel brillant, et ce sentiment de manque physique qui n'a cessé de l'accompagner. Il raconte ce rêve étrange qui lui est venu un jour, où une très jolie jeune femme lui remettait des fleurs après un combat de boxe qu'il avait gagné contre un lion ; puis il évoque ce signe, l'invitation d'Einstein à participer au stage de détection à De Haan. Son désir jusqu'alors latent lui sauta aux yeux, son destin se révélait : il devait devenir un grand champion cycliste, un véritable héros athlétique !

Maintenant qu'il est effectivement devenu cycliste, Freud s'épanche auprès d'Hoedippel sur ses états d'âme de coureur. Il regrette qu'on ne lui fasse pas assez confiance en le confinant au rôle d'équipier d'Ullrig, qui n'est pourtant que onzième au général. Il voudrait pouvoir jouer sa carte, montrer ce qu'il a dans le ventre, faire parler sa puissance – mais les règles du collectif l'en empêchent. Alors plutôt que de refouler ses pulsions profondes, il les exprime auprès de son masseur, qui écoute religieusement – ce qui ne changera rien au problème (un masseur n'est pas un directeur sportif), mais ce qui aura au moins le mérite de réconforter Freud, et de lui donner la force nécessaire pour affronter la troisième semaine de course.

Cette force, Nietzsche n'a pas besoin d'aller la chercher auprès de son soigneur ; il l'a déjà en lui. Pour l'actuel porteur du maillot à pois, le massage est même un piège. Ce moment de calme, de recentrement sur soi, accentue chez lui la tendance au ressentiment. D'habitude si optimiste et dynamique quand il est en action, Nietzsche ne peut s'empêcher de ressasser les événements passés quand rien d'autre ne l'occupe que les soins appliqués de l'assistant. Il se prend à regretter cette malheureuse chute dans la descente de Balès, se demande ce qui serait advenu s'il avait attaqué plus tôt dans le mont du Chat ; il imagine également mille scénarios possibles pour la dernière semaine du Tour : va-t-il conserver son maillot à pois ? Va-t-il pouvoir enfin remporter une victoire d'étape ? Va-t-il au contraire enchaîner les défaillances, les chutes, et vivre une fin d'épreuve des plus difficiles ? Nietzsche ne le laisse pas transparaître, affichant en toutes circonstances un masque de sérénité, mais, au fond de lui, il est un homme qui doute. Si rien ne vient activer son corps, il ne peut empêcher son esprit de divaguer vers de ténébreuses profondeurs.

Nietzsche sait bien qu'il lui faut lutter contre ce penchant délétère. Il sait bien que le ressentiment n'apporte que maux, fatigue, indolence et paresse. Aussi a-t-il mis en place une stratégie pour affronter ce nécessaire mais dangereux moment du massage : il demande à Fiodor Wagner, son assistant personnel, de presser ses muscles aussi fort que possible, sur un temps limité, de sorte à n'être occupé par rien d'autre que la tension induite par un tel malaxage. Ainsi martyrisé, tout entier soumis à un sentiment immédiat de douleur, Nietzsche ne peut se laisser aller au ressentiment. Mieux encore, un phénomène étrange se produit : l'athlète en vient à aimer cette douleur, il trouve un plaisir masochiste à souffrir sur la table de massage – de même qu'il prend plaisir à souffrir en course. Il a alors le sentiment de vivre, ici et maintenant, sans être distrait par aucune pensée parasite.

Sous les mains pétrisseuses de Wagner, Nietzsche ne rêve plus d'on ne sait quel arrière-monde ; il acquiesce à ce monde-ci, il dit « Oui » à l'épreuve du Tour, il embrasse son destin. Régénéré, habité par un *amor fati* inébranlable, le coureur est prêt pour affronter la troisième semaine de course, prêt à se dépasser, à devenir ce qu'il est : un champion du Tour.

Étape 16 – Le Puy-en-Velay/Romans-sur-Isère – Le Petit Prince

La troisième semaine d'un Grand Tour est toujours pleine de surprises. Des coureurs jusqu'alors brillants peuvent connaître des défaillances inattendues, tandis que d'autres, ayant vécu un début de Tour plus compliqué, se révèlent et défient tous les pronostics.

Parmi ces derniers, Machiavel fait figure de bon exemple. Bien qu'italien, il a été intégré à l'équipe grécolatine pour son expérience et son sens tactique. Mais il ne s'est guère mis en évidence depuis le début de l'épreuve. Son niveau ne lui permettait pas de prétendre à un autre rôle que celui de porteur de bidons, de *domestique* comme disent les Anglais, *gregario* pour les Italiens. Il s'est donc dévoué pour ses leaders, Socrate et Platon, sans rechigner, attendant son heure dans l'ombre. Car il savait qu'elle viendrait. « Pour être efficace, il faut cacher ses intentions », se disait-il ; il sera bien temps plus tard de se découvrir, quand les étoiles des premières semaines auront perdu de leur éclat, gagnées par la fatigue.

Le moment est venu. Socrate a laissé trop de forces dans la conquête du maillot jaune, trop d'énergie à vouloir revenir vite en forme après l'épisode de l'Etna. Il se sent vide, et n'aspire plus qu'à une chose : en terminer avec le Tour, et prendre définitivement sa retraite. Quant à Platon, s'il s'accroche encore à son maillot blanc de meilleur jeune, celui-ci ne tient plus qu'à un fil. Étape après étape, il lâche du temps sur ses poursuivants ; et, considérant ses sensations actuelles, il voit mal comment il pourrait inverser la tendance.

Bref, l'insolente réussite des débuts qu'ont connue les coureurs grecs sur le Tour semble à présent s'estomper, en même temps que se rappelle à eux leur manque d'expérience sur une épreuve d'aussi longue durée. C'est là qu'intervient Machiavel. Celui-ci n'est pas armé de meilleures capacités physiques que ses coéquipiers, loin de là. En revanche, il possède un don, un talent particulier, celui de savoir s'économiser et patienter en attendant qu'un espace se libère sur le devant de la scène.

Lors de la seizième étape du Tour, entre Le Puy-en-Velay et Romans-sur-Isère, Machiavel sent que les rideaux sont sur le point de s'ouvrir devant lui. Le parcours se trouve exposé à un fort vent de côté, au moment de traverser la vallée du Rhône. Terrain idéalement propice à la mise en place de bordures.

Qu'est-ce qu'une bordure ? Le vélo, c'est de la voile. Les coureurs, des roseaux. La bordure est une situation de course où un vent latéral puissant perturbe la progression des coureurs. Pour s'en protéger, les cyclistes se placent en éventail, les uns en décalé des autres, comme les oies sauvages lors de leurs migrations. À ceci près que les oies disposent du ciel tout entier pour se mettre en formation, tandis que les cyclistes évoluent sur une chaussée par nature limitée. Quand bien même le premier élément de l'éventail se tiendrait à l'extrémité de la route, face au vent, il n'abritera jamais tout le peloton. Un certain nombre d'athlètes parviendra à se positionner dans sa roue, en diagonale. Mais assez vite, la bordure de la route sera atteinte, empêchant tout coureur supplémentaire de s'insérer dans la file. Chacun devra alors lutter seul contre le vent, sans abri, tandis que devant, cinq, dix, quinze cyclistes uniront leurs efforts en rotation pour continuer leur progression. Immanquablement, l'homme seul, aussi fort soit-il, ne pourra pas tenir le rythme de ceux qui se relaient. « Borduré », il sera lâché.

La bordure est donc une arme redoutable, pourvu qu'elle soit bien orchestrée. Et pour que la musique soit belle, il faut que tous les instruments soient accordés : le vent doit être assez fort et bien orienté ; la chaussée dégagée, sans arbres ni maisons sur ses côtés ; il est aussi préférable que la route soit plate, rectiligne, et pas trop large, afin qu'un nombre réduit de coureurs puisse intégrer le premier éventail ; enfin, il faut qu'une équipe perçoive le moment favorable, et prenne la décision de produire collectivement une accélération violente, pour lancer la bordure, surprendre le peloton et le faire voler en éclats.

À trente-cinq kilomètres de l'arrivée à Romans-sur-Isère, Machiavel sent que toutes les conditions sont réunies. Les coureurs se trouvent dans une zone boisée, mais on distingue au loin la lisière de la forêt. Le vent sera plein côté, la route en léger faux plat descendant. La situation est idéale. Encore faut-il la tourner à son avantage. À l'oreillette, Machiavel commande à tous ses coéquipiers de remonter *illico presto* vers l'avant du peloton.

Depuis le début du Tour, Machiavel avançait masqué au milieu du peuple des coureurs anonymes, subissant le rythme qui lui était imposé. À présent, il prend les choses en main. Son heure de gloire est arrivée.

Un peu avant que le peloton ne quitte la forêt, Machiavel fait signe à Socrate, Platon, Marc-Aurèle et consorts de se positionner en tête et de commencer à tourner. Lui endossera le rôle de portier, celui qui règle l'allure de l'éventail et décide de qui peut ou non l'intégrer.

Les coureurs quittent désormais la partie boisée. Machiavel ordonne à ses hommes de hausser brutalement le rythme. Effet immédiat ! À peine un kilomètre plus loin, en lieu et place du traditionnel peloton groupé, ce sont sept, huit, dix petits groupes qui se succèdent sur la route du Tour, s'efforçant comme ils le peuvent de s'organiser pour lutter contre le vent et soutenir l'allure dictée par le groupe de tête, composé quasi exclusivement des membres de l'équipe gréco-latine.

Ce groupe de tête ne sera pas revu avant l'arrivée. Grand seigneur, Machiavel s'arrangera pour que la victoire d'étape revienne à son coéquipier Marc-Aurèle. Mais c'est bien lui l'homme du jour, lui qui aura marqué de son empreinte l'étape, lui qui aura régné – pour un temps du moins – sur la grande société du Tour.

À la suite de cet épisode, Platon (dont le maillot blanc s'est trouvé renforcé par ce tour de force collectif) rendra hommage à son coéquipier en lui associant ce surnom évocateur : *il Piccolo Principe*,

« le Petit Prince ». De *gregario*, Machiavel a gagné le statut de Capitaine de route. De porteur d'eau insignifiant, il est devenu génial stratège.

Quand on lui demanda comment lui était venue l'idée de ce coup tactique parfait, Machiavel, humble, répondit que le hasard avait rendu possible cette situation, et que son talent, sa *virtù*, n'aura été que de transformer les aléas d'Éole en heureuse *fortuna*.

Étape 17 – La Mure / Serre Chevalier – Aide-toi, le ciel t'aidera

Dans les bus, alors que les coureurs se préparent avant de prendre le départ, une tension particulière est perceptible. Peu de mots sont échangés. Un silence quasi religieux habite ce lieu de vie collectif, aux antipodes du brouhaha qui y règne habituellement.

Si l'atmosphère n'est pas à la rigolade ou au bavardage, c'est parce que les coureurs savent que l'étape qui les attend s'annonce terrible. Dès le départ, ils devront franchir le col d'Ornon. Une goutte d'eau en comparaison avec la suite du menu : la Croix-de-Fer et ses vingt-cinq kilomètres de pente irrégulière, puis le dantesque enchaînement du col du Télégraphe-Galibier (près de quarante-cinq kilomètres d'ascension au total, pour atteindre un point culminant de plus de deux mille sept cents mètres d'altitude).

La grande messe de juillet est une épreuve sportive imprégnée de religion. Bon nombre de cyclistes sont croyants. Avant le départ, ils se signent et prient leur dieu pour que tout se passe bien, qu'ils évitent les chutes, qu'ils viennent à bout de ces montagnes, qu'On leur envoie un surcroît de force.

D'autres ont beau ne pas être religieux, ils en adoptent tous les attributs. Ils ont leur rituel sacré : une dernière consultation du Livre saint (le *road-book*) une heure avant le départ ; une rapide collation quelques minutes après (café et gâteau énergétique, en guise d'eucharistie) ; puis vient le moment de revêtir l'habit cérémoniel (le cuissard et le maillot épinglé de ses deux dossards). Ne pas oublier les chaussettes porte-bonheur, celles avec lesquelles on avait gagné deux ans auparavant, et que l'on remet depuis à chaque course importante. Test de l'oreillette – c'est bon, les coureurs entendent la voix. Enfin, vingt minutes avant le départ, vient le moment liturgique de l'onction d'huile sur les jambes (acte dont personne ne connaît réellement l'utilité, et dont l'importance tient sans doute au mystère qui entoure sa fonction).

Les coureurs sont prêts à gravir leur Golgotha. Ils seront acclamés par une foule fidèle et enthousiaste, déjà postée sur le bord de la route, attendant d'assister à l'ascension de ses idoles. Les premiers, les dieux du bitume, seront adorés ; tandis que les derniers, pauvres martyrs, feront l'objet d'encouragements compassionnels. Peu importe le résultat, peu importe qu'il y ait un premier et un dernier puisque, après tout, les premiers seront les derniers…

« Quel triste spectacle que tout cela », se dit Nietzsche en observant tous ces préparatifs et cette ferveur mystique qui entourent le départ de cette dix-septième étape. Quoi ? Même Marx et Freud s'abaissent à ces pathétiques niaiseries ! Les pauvres, ils ne savent pas ce qu'ils font... Ils ne savent pas que tous leurs gestes, tous leurs rituels et leurs grigris, ne servent qu'à les rassurer. Ils ont peur. De quoi ? De souffrir, de ne pas pouvoir aller au bout... Ils ont tellement envie de pouvoir dire : je l'ai fait, j'ai participé. Quel manque d'ambition !

Nietzsche, lui, préfère prendre le risque de tout perdre, pour pouvoir tout gagner. Plutôt que de s'enterrer dans la morne quiétude du *finisher*, il choisit la vie dangereuse du vainqueur – se rappelant cette phrase de saint Paul, un des Pères de l'Église : « Courez pour gagner. » Le *vrai* croyant devait s'exposer, s'engager dans des paris audacieux, tenter d'aller chercher le plus grand – et certainement pas s'assurer une froide sécurité. Triste perversion de la religion originelle, qui d'ambitieuse est devenue inquiète...

Nietzsche a décidé de courir pour gagner. Se gaussant de tous ces idolâtres qui s'inclinent craintifs devant la Croix-de-Fer, il attaque dès le début de l'étape. Souverain dans la longue ascension menant au sommet du Galibier, il effectue la majeure partie de la journée seul en tête. Il s'impose finalement à Serre Chevalier avec plus de deux minutes d'avance sur son prochain, au terme d'un exploit prodigieux. L'apothéose de son Tour.

Spinoza lui aussi se moque de tous ces rituels pseudo-sacrés, de ces croyances illusoires, de cette fausse religion qu'il appelle superstition. Pour atteindre son but – distancer le maillot jaune américain pour lui reprendre son bien –, il ne s'en remet pas à la volonté de Dieu, « cet asile de l'ignorance », la solution de ceux qui ont perdu le courage d'en chercher ; il réfléchit, élabore un plan, effectue des calculs, dessine une stratégie : il a décidé d'attaquer dans la descente du Galibier pour piéger Pushman.

Le moment venu, animé du désir insatiable de reconquérir le maillot jaune, bien au fait des lois de la gravité, il s'élance tel un boulet inarrêtable vers son destin, vers la victoire au classement général du Tour de France. Pushman est surpris. Cette attaque sort de l'orthodoxie tactique. Il tente de suivre Spinoza, mais dans un des lacets de la descente il part à la faute. La chute est anodine. Pushman se relève… Trop tard. Spinoza a filé. La messe est dite. L'Américain est battu, et ne reviendra plus.

Les passions tristes ont perdu, terrassées par les passions fortes. De même que Nietzsche aura eu raison de nourrir de hautes ambitions, Spinoza aura eu raison de persévérer dans son être, dans sa quête, raison de ne s'en remettre qu'à lui-même pour atteindre son but. Celui-ci est presque atteint. Encore quelques jours, et la victoire sera entérinée. Et le Tour sera parfait. Et la joie pourra se manifester. *Alléluia !*

Étape 18 – Briançon/Izoard – Il faut imaginer cyclistes heureux

Dernière étape de montagne du Tour. Au sommet du col de l'Izoard, la vue sera dégagée en direction des Champs-Élysées.

Si la journée de la veille a été rude pour tout le monde, celle d'aujourd'hui est mieux vécue. Non qu'elle soit plus facile ; seulement, les coureurs savent qu'ils effectuent là leurs derniers grands efforts. Le bout du chemin se laisse apercevoir, enfin. L'imminence du repos confère aux rescapés du Tour un surcroît de motivation pour atteindre le principal objectif d'une majorité d'entre eux : venir à bout de cette étape, en finir.

Vraiment ? Au fond d'eux-mêmes, les cyclistes sont-ils si soulagés de voir ces trois semaines d'efforts et de mouvement arriver à leur terme ? Tout en escaladant l'Izoard, tout en souffrant pour venir à bout de ce dernier col du Tour, les coureurs se demandent si toutes ces peines, ces douleurs et ces émotions, ne vont pas leur manquer dans quelques jours, quand la Grande Boucle sera bouclée…

Combien de fois au cours de l'épreuve les forçats de la route se sont-ils promis, désabusés : « C'en est trop, j'arrête, ce sont mes derniers coups de pédale » ? À présent que ceux-ci se profilent véritablement, tous découvrent avec étonnement et nostalgie qu'ils ont été heureux tout au long de ce Tour, y compris dans les moments les plus difficiles, les moments de doute, après une chute ou lors d'une défaillance. Encore maintenant, ils sont heureux pendant qu'ils s'époumonent dans l'Izoard, luttant comme ils peuvent contre la gravité, et contre ces toxines qui se sont accumulées dans leurs muscles tout au long de ces trois semaines.

À l'image d'un Sisyphe condamné à hisser éternellement sa pierre au sommet de l'Hadès sans jamais y parvenir tout à fait, les cyclistes souffrent de devoir inlassablement gravir un col, pour en redescendre immédiatement, et recommencer aussitôt... Et pourtant, maintenant qu'ils découvrent que la condamnation n'a pour eux rien d'éternel, ils se surprennent mélancoliques à regretter que leur peine soit vouée à disparaître d'ici quelques jours. Car cette souffrance, ils l'ont aimée finalement.

Pascal, Spinoza, Marx, Nietzsche, Socrate, Platon, Freud et les autres – tous en ont bavé. Mais, pendant qu'ils suent encore de la rudesse de l'effort, ils salivent déjà à l'idée de renouveler l'aventure. Cela peut sembler absurde, quand on observe l'état d'épuisement extrême des coureurs en fin de Tour, leur expression déformée et leur teint livide : pourtant, il faut imaginer cyclistes heureux.

Étape 19 – Embrun/Salon-de-Provence – Mythes

Dernière vraie étape en ligne du Tour, avant le contre-la-montre conclusif prévu pour le lendemain dans les rues de Marseille, et l'arrivée en forme de célébration sur les Champs-Élysées le jour suivant. Une atmosphère de fête et de relâchement a gagné le peloton. Comme dans les dernières minutes d'un film, quand la tension dramatique est retombée et que le spectacle s'étire encore un peu autour de quelques événements secondaires, le feuilleton du Tour s'offre quelques bonus, pour le plaisir. La course bien sûr n'est pas finie, mais ses rebondissements les plus importants sont passés. L'essentiel du Tour est joué. Les différents classements sont figés. Au tableau d'honneur : Spinoza en jaune, Zadel meilleur sprinter, Nietzsche maillot à pois rouges. Seul le maillot blanc du meilleur jeune entretient encore quelque suspense, Platon ne disposant que de vingt-six secondes d'avance à ce classement spécifique sur son suivant, l'Espagnol Miguel Averroès.

Au départ d'Embrun, en attendant le dénouement de cette dernière intrigue, c'est déjà l'occasion d'établir un premier bilan pour l'équipe des vélosophes. Que ressort-il de cette grande et folle aventure ? De la fierté bien sûr, la fierté d'avoir été assez fou pour aller au bout. *Ils l'ont fait !* Quoi donc ? Gagner le Tour ? Certes pas. Pour autant, les vélosophes ne se sont pas contentés de participer. Ils se sont battus pour gagner. Ils n'ont pas dévié de leur ambitieuse entreprise : montrer qu'ils étaient plus que des curiosités médiatiques, montrer qu'ils étaient de vrais coureurs.

Contemplant son reflet dans le lac d'Embrun, quelques instants avant que ne soit donné le départ de l'étape, Socrate pense à Narcisse, ce héros grec mythique tombé amoureux de son reflet, aperçu dans une mare au cours d'une partie de chasse, et qui mourut de ne pouvoir s'en détacher.

Ce mythe sert habituellement à mettre en garde contre l'amour excessif de soi. Narcisse est présenté comme un héros négatif, qui pèche d'être trop autocentré. Mais Socrate a une autre lecture de ce mythe. Pour lui, l'attitude de Narcisse est honorable, parce qu'elle témoigne de sa grandeur héroïque, de son dévouement total à une passion majestueuse et symbolique : lui-même.

Indifférent à toute morale altruiste commandant l'oubli de soi, Narcisse a assumé l'égoïsme – jusqu'au bout, jusqu'à la mort. Vanité stupide, diront certains ; noblesse tragique, pense Socrate.

Ce jour devant le lac d'Embrun, le vélosophe grec se sent lui aussi auréolé d'une part de cette noblesse. Il est fier d'avoir été au bout de ses ambitions, de s'être livré à quelque chose de grand ; fier – tel Narcisse – de ne pas s'être contenté de demi-mesure.

Il peut désormais partir en paix – définitivement. La partie de chasse est terminée. Socrate n'ira pas signer la feuille de départ de la dix-neuvième étape. Il préférera emprunter un pédalo, et s'engager seul sur le lac, en un nouveau pied de nez à son histoire. Sans un mot de plus.

Alors que le capitaine de l'équipe gréco-latine se retire, la jeune garde monte au front. Pendant que Platon se concentre sur la défense de son maillot blanc et s'économise en vue du contre-la-montre décisif du lendemain, Aristote saisit la dernière occasion qui lui est donnée de lâcher les chevaux. Au briefing le matin, Épictète a eu un discours simple :

chacun est libre de courir comme il l'entend, selon les forces qui lui restent.

En direction de Salon-de-Provence, Aristote s'est donc lancé dans une dernière folle échappée. Jusqu'alors le jeune coureur grec s'était montré assez prudent sur ce Tour, se contentant principalement d'effectuer un travail d'équipier. Mais prudence ne signifie pas couardise. Cette notion désigne plutôt, selon Aristote, une forme de sagesse pratique, l'attente du moment opportun pour se révéler, l'art du juste milieu entre deux excès. La prudence est donc compatible avec le courage, point intermédiaire entre ces deux extrêmes que sont la lâcheté (peur d'attaquer) et la témérité (audace excessive, s'échapper en sachant l'offensive vouée à l'échec). C'est ce courage dont fait preuve Aristote, lors de la dix-neuvième étape du Tour, en s'engageant dans une échappée-fleuve.

Sur la route menant les coureurs vers Salon-de-Provence, un soleil de plomb terrasse les douze hommes de tête, entravant leur progression, accroissant leur sentiment d'épuisement. L'impression est encore pire dans le peloton, qui joue battu à plus de dix minutes des premiers. L'échappée se disputera le gain de l'étape. Aristote a beau être courageux, il sent une torpeur s'abattre sur lui une trentaine de kilomètres avant l'arrivée. Il se met à douter de pouvoir défendre ses chances. Fort heureusement, c'est ce moment-là que Platon (au sein du peloton) choisit pour encourager son coéquipier *via* l'oreillette.

Mettant de côté leur rivalité première, Platon et Aristote ont noué une amitié sincère au cours de ces trois semaines de course, notamment après qu'Aristote a aidé Platon à conserver son maillot blanc lors de la traversée des Pyrénées. Aujourd'hui, le leader du classement du meilleur jeune sent que son coéquipier, à son tour, a besoin de lui. À travers la radio qui les relie, Platon motive donc l'homme échappé :

« *Aris'*, lui transmet-il, *je sais bien que c'est dur, que le soleil tape, que la fatigue pèse. Mais dis-toi une chose : il en est de même pour tous les autres coureurs échappés à tes côtés. Je peux te dire que dans le peloton, chacun est groggy. Le vainqueur aujourd'hui ne sera pas le plus fort. Ce sera celui qui en voudra le plus, celui qui visera le plus haut. Sois celui-là ! Ne crains pas le soleil, mais considère-le plutôt comme un bien, comme ton bien, celui qui sera pour toi synonyme de victoire. Vole tel Icare vers ce soleil ; envole-toi ! Peut-être te brûleras-tu les ailes… Mais peut-être, qui sait, parviendras-tu à décrocher ce soleil !* »

Ces quelques mots ne sont pas grand-chose, un détail. Mais pour Aristote, ils veulent dire beaucoup. Ils veulent dire que l'amitié qui l'unit à Platon a désormais dépassé leurs intérêts particuliers ou leurs divergences théoriques. Ils veulent dire qu'on lui fait confiance, qu'on le sent capable d'atteindre des objectifs élevés.

Soudain rasséréné, Aristote profite de la dernière difficulté de la journée pour porter une attaque. Il est désormais seul en tête, volant vers un succès de prestige. À condition que la déshydratation ne lui coupe pas les ailes. À condition que ses poursuivants ne le mangent pas.

Ira-t-il jusqu'au bout ? Mystère. Ce que l'on sait, c'est qu'Aristote, à l'instar de Socrate, aura osé tenter l'impossible – condition nécessaire d'un possible grandiose.

Étape 20 – Marseille – Remèdes à la mélancolie

« *It won't be long, yeah, yeah, yeah ! It won't be long, yeah !* » En s'échauffant sur *home-trainer* avant son départ du contre-la-montre à Marseille, Anquepil essaie de se motiver en écoutant les Beatles, et cette chanson au titre qu'il espère approprié. Sans y parvenir vraiment.

« Ça va pas être long », tu parles ! L'actuel douzième du classement général du Tour a trop d'expérience pour ne pas savoir qu'un chrono est toujours difficile, insupportable, interminable. Anquepil ne se sent pas la force d'affronter cette épreuve de souffrance absolue. C'est décidé : il fera ce chrono en dedans, à sa main. De toute façon, le Tour de l'équipe de France est raté. Aucune victoire d'étape. À peine quelques faits d'armes, et une placette au général. Alors un échec de plus ou de moins…

Sauf que Sartre ne l'entend pas de cette oreille. Supervisant l'échauffement de son coureur, le manager français en perçoit la nonchalance. Il voit bien qu'Anquepil rechigne à s'investir. Le leader de l'équipe de France est pourtant spécialiste de l'effort solitaire. Il serait dommage qu'un manque de motivation vienne compromettre ses chances de bien figurer au classement de l'étape du jour. Habitué à devoir gérer le dilettantisme de son champion, Sartre cherche à donner un peu de courage à Anquepil :

— Allez mon grand, un dernier petit effort, et à toi Paris, la gloire, la fête ! Tiens, je te promets même de t'offrir dès ce soir ton repas préféré – mouton rôti, frites et sangria – si tu termines dans les cinq premiers du chrono. Allez courage, que sont une vingtaine de minutes d'effort au regard des trois mille cinq cents kilomètres que tu viens d'accomplir ? Que sont quelques instants de douleur face à une vie entière d'honneurs ?

— Je voudrais bien, Jean-Paul, mais je peux point ! se lamente Anquepil. Je suis tellement épuisé. Les batteries sont vides. Je n'ai plus d'essence...

— Mais peu importe l'essence ! Tu en trouveras plus tard de l'essence, quand tout cela sera fini. Ce qui compte au moment présent, c'est ta liberté d'agir : tu as le choix entre effectuer ce chrono tranquillement, sans te mettre dans le rouge, ce qui t'assurera une confortable place d'anonyme au classement du jour – ou bien tu peux choisir de t'investir à fond dans ce dernier effort, rendant de la sorte fier tout un peuple. La décision est entre tes mains : apathie ou euphorie. Mais ne viens pas me dire que tu n'as pas d'essence, car alors je te rétorquerai cette grande vérité : l'existence précède l'essence ! Rien n'est écrit tant que l'on n'a pas agi.

Sartre a beau dire que le choix lui est laissé, Anquepil comprend au regard appuyé de son manager qu'il serait tout de même bienvenu d'effectuer ce chrono à fond... Le coureur français se force donc à accélérer le rythme dans son échauffement, tout en changeant de morceau sur son casque audio : après les Beatles et leur régressif « It Won't Be Long », il est temps de s'essayer à un peu de pensée positive, avec les Stones et leur titre « Time Is On My Side ».

Bien lui en prend car, effectivement, le temps est du côté du champion français ! Auteur d'un chrono engagé, Anquepil établit la meilleure marque dans cet effort solitaire dans les rues de Marseille, devançant d'à peine une seconde le Britannique Bradley Russell. Personne d'autre ne fera mieux. À la veille de la fin du Tour, Anquepil octroie à l'équipe de France une première victoire d'étape inespérée, sauvant ainsi le bilan de sa formation.

Le Tour de l'équipe gréco-latine n'a quant à lui pas besoin d'être sauvé. Il est déjà réussi. Et il serait même exceptionnel si Platon parvenait à conserver son maillot blanc de meilleur jeune. Mais la tâche sera rude, car Miguel Averroès se tient en embuscade. Les qualités contre la montre de ce dernier pourraient aisément lui permettre de remonter son retard. Vingt-six secondes sur plus de vingt kilomètres d'effort solitaire en fin d'épreuve, ce n'est rien. Aussi Platon est-il sous pression.

Appliqué sur son échauffement, le jeune coureur hellène cherche à masquer le stress qui monte en lui. Mais l'air inhabituellement renfermé qu'il affiche trahit son inquiétude. Vais-je être à la hauteur ? Ai-je choisi le bon braquet ? Dois-je partir vite ou me réserver pour la fin de l'exercice ? Quelles seront mes sensations ? Et Averroès, sera-t-il dans un grand jour ? Platon ne peut s'empêcher de laisser courir son imagination, ce qui au lieu de le rassurer n'a pour résultat que de l'enfermer dans une ignorance toujours plus angoissante.

C'est là où le rôle du directeur sportif est important. Il doit savoir aborder son coureur de manière à convertir ses doutes en forces. Épictète choisit pour cela d'user de dialectique, connaissant l'efficacité de cette méthode auprès de Platon après l'avoir vu pratiquer par Socrate :

— Mon cher Platon, lui dit-il, n'as-tu pas deux jambes, deux bras, un cœur, une tête, tout comme Averroès ?

Platon ne peut faire autre chose qu'approuver.

— N'es-tu pas tout comme ton concurrent un animal bipède ? poursuit Épictète.

— Oui, bien sûr. Mais où voulez-vous en venir, coach ?

— Platon, je cherche à te montrer que tu n'as aucun complexe à nourrir face à Averroès, car en vérité tu es constitué pareillement à lui. Ne le crois-tu pas ?

— Si, évidemment. Mais une paire de jambes peut être plus puissante qu'une autre, un cœur battre plus ou moins vite, un esprit être plus ou moins lucide…

— Tss, tss…, l'interrompt Épictète. Encore ces pensées négatives. Ne te préoccupe pas de ce que vaut ton concurrent ! Tu ne peux pas agir sur sa performance. Ce que tu contrôles, c'est *ton* effort. Et je peux t'assurer que si tu roules comme tu sais le faire, tes inquiétudes sont infondées. N'en es-tu pas convaincu ?

Platon ne semble que faiblement convaincu… Hélas, il est déjà temps de se rendre sur le lieu du départ du chrono. Les sourcils froncés, le cœur lourd et tourmenté, Platon se dirige vers la rampe de lancement. Dix minutes, cinq minutes, trois minutes... Le temps s'égrène à un rythme incroyablement lent. Une minute, trente secondes, cinq secondes... Enfin arrive le moment de s'élancer dans l'épreuve de vérité. Dans une vingtaine de minutes, Platon va savoir, savoir ce qu'il a dans le ventre, savoir quel type de coureur il est, et ce qu'il lui sera permis d'espérer à l'avenir.

Nul besoin d'attendre la fin du chrono. Après cinq minutes d'effort, Platon sait déjà. Ses sensations sont exceptionnelles. Rien ne pourra lui arriver. Quelle que soit la performance d'Averroès, Platon en a la certitude : jamais le coureur espagnol ne pourra réaliser un meilleur temps que lui. Dans la redoutable montée de Notre-Dame-de-la-Garde, le jeune Hellène se sent comme transcendé, capable d'atteindre les plus hauts sommets. Enroulant un braquet impressionnant avec une fluidité rare, Platon a l'impression de toucher l'essence du vélo, son Idée même. Tant d'efforts pour conquérir la sagesse vélosophique. Quel bonheur de voir cette quête aboutir enfin !

Les sensations de Platon ne l'auront pas trompé. Troisième de l'étape, à quelques secondes seulement du vainqueur Anquepil, le coureur grec s'assure avec une marge confortable de rapporter le maillot blanc à Paris, puis à Olympie où l'attendra une foule de supporters nouvellement convertie au cyclisme, prête à acclamer ses héros après leur folle odyssée. De son côté, beau joueur, Averroès ne se cherchera pas d'excuse, reconnaissant la supériorité de son adversaire. Il se répandra même en commentaires élogieux, félicitant Platon, saluant en lui un champion de la petite reine en devenir, un futur vélosophe-roi.

Étape 21 – Montgeron/Paris – Aux Champs-Élysées

Voici venu le temps des Champs, celui de l'épilogue en forme de *happy end* d'une aventure parsemée de difficultés et de rebondissements. Tous les moments de doute, tous les coups durs sont oubliés ; seule subsiste la satisfaction d'avoir triomphé du Tour.

Cette satisfaction, elle se lit sur le visage de Spinoza pendant qu'il défile en tête de peloton lors des premiers kilomètres de l'étape, escamotés par les coureurs comme c'est de coutume. Une coupe de champagne à la main pour plaire aux journalistes, le vainqueur du Tour arbore fièrement son beau maillot jaune. Mais le contentement affiché publiquement par Spinoza n'est rien en comparaison de la joie intérieure qui l'anime. « Tout ce qui est beau est aussi difficile que rare », savoure-t-il en lui-même. Les trois dernières semaines furent rudes, âpres. Pourtant, elles valaient largement la peine d'être vécues. Car Spinoza a aujourd'hui le sentiment d'accéder au sublime, d'atteindre la perfection vélocipédique. Ce jour, le coureur hollandais entre dans l'histoire. Ce jour, il s'inscrit dans le domaine de l'éternité. Déroulant tranquillement sur le parcours qui conduit les coureurs vers le centre de Paris, Spinoza se sent empli d'une suprême béatitude. Sa quête est achevée.

Pascal n'a pas remporté le Tour. Qu'importe, une impression de grandeur et de félicité profonde monte également en lui au moment où il effectue ses premiers tours de roue sur les pavés des Champs-Élysées. Depuis que Nietzsche lui a révélé la mort de son dieu, l'ancien théologien s'est livré corps et âme à cet ambitieux pari : se divertir de sa condition misérable d'homme assailli par le néant en devenant cycliste professionnel. Objectif trivial, vain et insensé, commentèrent avec dédain ses anciens collègues universitaires. Ils sont aujourd'hui sur les trottoirs des Champs, à constater avec une pointe de jalousie le succès de la conversion pascalienne. Pascal a joué. Il a gagné. Paris est à lui.

Dans l'équipe d'Allemagne, on ne profite pas encore tout à fait du plaisir de rouler sur les Champs. Tous les coureurs de l'effectif restent concentrés sur un dernier objectif : que Zadel emporte un dernier succès de prestige, auréolé de son maillot vert de meilleur sprinter. Vogt, Freud, Ullrig, Marx, Altich – les uns après les autres ils accélèrent en tête de peloton, cherchant à étirer le paquet au maximum dans les derniers hectomètres de l'épreuve, de sorte à placer leur finisseur dans les meilleures conditions en vue de l'emballage final. Mission réussie. Idéalement lancé, Zadel fait parler sa puissance à la sortie de la place de la Concorde et s'impose aisément sur celle qui, plus que jamais, mérite le titre de plus belle avenue du monde.

Freud est hystérique, presque inconscient. Dès la ligne d'arrivée franchie, il se dirige vers l'attroupement de journalistes qui entoure le vainqueur du jour. Il les écarte un à un, et saute littéralement dans les bras de Zadel. Son rêve se réalise. Il n'a pas gagné lui-même, mais c'est tout comme. À défaut d'être un grand champion cycliste, Freud est heureux d'avoir trouvé sa place auprès de ceux-ci. Et ce bonheur par procuration suffit largement à son épanouissement.

Marx non plus n'aura pas connu en propre les lauriers de juillet. Pour autant, il aura été loin d'être inactif, enchaînant les échappées, et se battant encore en dehors du vélo pour défendre les causes qui lui paraissaient chères. Devant une telle activité, le jury ne pouvait faire autrement que de décerner à Marx le titre de « Super-combatif du Tour », une récompense dévolue au coureur ayant le plus animé l'épreuve.

À l'instar de Zadel, qui reçoit le maillot vert de meilleur sprinter, Marx a donc droit aux honneurs du podium final de la Grande Boucle. Un moment fort, symbolique de la réussite de l'expérience des cyclistes-philosophes. Les détracteurs de l'équipe d'Allemagne avaient critiqué une formation artificiellement composite, promise à la discorde. À tort. L'esprit d'équipe dont firent preuve les Allemands tout au long de l'épreuve, jusqu'à ce dernier succès sur les Champs, l'exaltation aperçue chez Freud après cette victoire, les sourires complices échangés entre Marx et Zadel sur le podium final – tout cela témoigne au contraire de la grande robustesse de cet alliage hétéroclite.

Comme souvent, Einstein fut un précurseur. Moqué, accusé, il est aujourd'hui encensé. Grâce à lui, le cyclisme allemand a retrouvé un peu de son aura. Grâce à lui, chacun comprend désormais qu'hommes de réflexion et hommes d'action ne doivent pas être opposés les uns aux autres, mais qu'ils sont bel et bien complémentaires. En se serrant fraternellement la main sur le podium, Marx et Zadel ouvrent une nouvelle ère ; ils scellent définitivement l'union du cyclisme et de la philosophie.

Et Nietzsche, et Platon, meilleur grimpeur et meilleur jeune… Eux aussi ont eu le bonheur de figurer sur le podium final du Tour. Eux aussi sont éminemment symboliques de la parfaite union du penser et de l'agir, de l'unité du corps et de l'esprit. Qu'ont-ils à dire à ce sujet ? À vrai dire, rien. On vient de les voir partir en direction de quelque bouge infâme de la capitale. Trop de discours ont déjà été proférés, trop d'efforts déjà fournis. C'est assez. Il est maintenant temps de vivre, temps de célébrer la fin de cette grande et belle épopée. Une fête à la démesure de nos héros vélosophiques se prépare, une fête que l'on imagine dionysiaque…

Mais nous n'en dirons pas plus car – la chose est connue : sur ce dont on ne peut parler, il convient de se taire.

Postface
Socrate a fait un sacré tour

QUE DE COUPS DE PÉDALES ont été donnés depuis que j'ai fini d'écrire *Socrate à vélo*, il y a maintenant deux ans ! De l'eau a coulé sous les ponts, et de la sueur perli sur les fronts. Socrate a fait un sacré tour. Socrate est aujourd'hui réédité. Un comble pour un philosophe connu pour n'avoir rien écrit de son vivant, qui préférait transmettre son enseignement par le simple art du dialogue, sur l'*agora* ou ailleurs. Des livres et des livres ont été consacrés à ce refus du livre. Je vais pour ma part limiter ma contribution en analysant ce choix de l'oral comme celui du mouvement, du dynamisme, de l'action. Socrate n'a pas voulu que sa pensée, que sa personne, soient figées. Il n'a pas eu la prétention de révéler le monde, reconnaissant toujours son incapacité à conclure. Son travail fut celui d'un cheminement. À ce titre, Socrate est le premier philosophe antisystème.

Sans avoir la prétention de me comparer à lui, et bien que j'aie quant à moi succombé à la tentation du livre, je me retrouve dans ce rejet des systèmes, d'une cristallisation de la vérité. Les explications définitives et exhaustives, les parfaites constructions théoriques, aussi belles et tentantes soient-elles, me paraissent au bout du compte bien vides, dévitalisées.

C'est pourquoi *Socrate à vélo* fut construit comme un texte mouvant, presque un texte à trous, que le lecteur pouvait ensuite remplir à sa guise, selon ce qu'il était, ce qu'il cherchait. Les références ou les allusions, nombreuses, qu'elles soient philosophiques ou vélocipédiques, n'avaient pas vocation à être toutes découvertes, loin de là. Chacun prenait ce qu'il pouvait, ce qu'il voulait. « Comprend qui peut, ou comprend qui veut » – chantait Boby Lapointe. Sans doute une référence à Socrate. Ou bien à Nietzsche, qui, lui, affirmait qu'« on ne cherche pas seulement à être compris quand on écrit, mais, tout autant, à *ne pas* l'être ». Mon livre a été lu et apprécié pour des raisons variées, et souvent différentes de ce qu'étaient mes intentions initiales. Tant mieux ! Cela veut dire que mon texte a vécu.

Pourquoi dès lors ne continuerait-il pas à vivre ? Quand on me proposa de retravailler *Socrate*, de le préfacer, lui adjoindre une suite (*Socrate à vélo, le retour* ? *Socrate à vélo 2* ?), bref de le rééditer, ma première impression fut pourtant une gêne : quand un ouvrage est publié, il ne doit plus bouger, quels qu'en soient ses défauts ou ses manques. Résurgence d'un archaïque sentiment religieux. Sacralisation du Livre. Et puis je réfléchis : si rien n'a de sens, s'il n'y a pas de vérité éternelle, si rien n'est figé, alors rien n'est sacré. S'il y a autant de livres que de lecteurs, autant de vérités que d'interprétations, alors rien ne s'oppose à ce qu'un ouvrage continue d'évoluer après sa première publication. Le livre unique n'existe pas.

Socrate à vélo s'habille donc aujourd'hui d'une nouvelle peau. J'ai quelque peu retravaillé le rythme, notamment au début, pour que la lecture soit moins heurtée, plus fluide, plus ouverte en somme, de sorte que le lecteur soit libéré du mot et puisse, tel un miroir, réfléchir ce qui est dit. Cependant, l'économie générale du texte est restée la même. L'essentiel est ailleurs – dans les influences extérieures qu'a subies le livre depuis sa première publication. Plus important que ce qui est énoncé est la manière dont est perçu le propos. Un ouvrage ne se résume pas à son auteur. Ce dernier n'est là que pour ouvrir des perspectives. *Socrate à vélo* a grandi, grâce aux multiples visions qui se sont projetées sur lui.

Aussi, ne cherchez pas dans cette postface une note explicative, une morale, un guide de lecture. Cette réédition s'inscrit dans la continuité de mon objectif initial : produire une œuvre prête à l'interprétation, une œuvre ouverte, que l'on peut reprendre et redécouvrir à sa guise. À l'instar d'un album d'*Astérix*, d'un aphorisme de Nietzsche, ou d'une chanson de Boby Lapointe. À l'instar d'un dialogue socratique.

Je m'agace souvent contre les catégorisations abusives, les clichés trop rapidement accolés. Si je n'apprécie guère les gens qui étiquettent, c'est précisément parce qu'ils ne voient pas que la vie est changement, que notre environnement et le temps nous façonnent, pas à pas. Un livre est à l'image de la vie : il mue, que ce soit par le truchement de ses lecteurs, de ses personnages, ou de son auteur.

En ce qui concerne les premiers cités, c'est en se projetant dans le texte, au travers de leur lecture, qu'ils en viennent à le transformer. De consommateurs, ils deviennent alors acteurs. *Socrate à vélo* a évolué, parce que des personnes ont bien voulu s'en emparer, inscrire leur perception en lui, à partir de ce qu'elles sont, de leurs désirs et de leurs idéologies, de leurs mentalités et de leurs corps. Je ne peux que remercier mes lecteurs d'avoir intégré et développé cette histoire – d'en avoir fait un objet vivant.

Avant cela, les personnages eux-mêmes avaient bien sûr infléchi le texte. Je partais avec des archétypes, lesquels ensuite ont pris corps. Mes vélosophes ne sont plus les mêmes à Paris qu'à Olympie. Ils ont gagné en confiance et en reconnaissance. Ils ont gagné tout court – et cela change un homme, et cela change un livre. *Socrate à vélo* (dont le titre n'a été trouvé que tardivement) n'a pas été construit en suivant un plan préétabli, comme l'on écrit une dissertation ou l'on prépare un PowerPoint. À partir de quelques idées initiales, j'ai tiré un fil, en fonction de ce que je ressentais de l'évolution des personnages.

Ainsi, tout au long d'une saison cycliste, nous avons suivi, pour ainsi dire au jour le jour, la progression de Socrate, Platon, Nietzsche, Marx… Leur condition physique a fluctué, ce qui est normal. Quand on est coureur, et que l'on est en méforme, on a vite tendance à se considérer mauvais en soi – au même titre que les gens, dans la vie de tous les jours, se rabaissent facilement après un échec. Écrire un livre sur des cyclistes, avec une dimension philosophique, c'était montrer que rien n'est définitif, qu'il convient de prendre du recul par rapport à la tentation naturelle d'éterniser notre état immédiat. Le vélo est un cycle. Une saison passe. Et la vie est un éternel… retour. Pourquoi dès lors vouloir se réifier ?

Cette question, je la pose autant à moi-même qu'à mes lecteurs, ayant souvent à lutter contre la succion du ressentiment, contre le piège consistant à transformer le dernier événement advenu en absolu. Écrire fut pour moi un excellent moyen de dépasser ces mortifères pensées. Cela l'est toujours.

J'en viens ainsi à mon troisième point : un auteur aussi évolue. Je ne suis plus le même qu'en juillet 2017, quand j'ai entamé cette expérience littéraire. J'ai grandi sportivement, et en tant qu'écrivain. En relisant ce livre, j'en vois désormais les manques : en premier lieu, le style, parfois trop direct, trop franc, comme si j'avais peur de prendre de l'ampleur (excès de modestie ? Syndrome de l'imposteur ?). À l'inverse, je me suis sans doute parfois perdu dans certaines subtilités, par exemple dans les nuances que j'établissais entre vélosophes et cyclistes-philosophes, ou dans mon ambition que la forme réponde au fond, que l'essai se dissolve dans la fiction (prétention excessive ? Cherchais-je au fond, à ne *pas être* compris ?). Enfin, où sont les femmes ? Et la philosophie orientale ?

Je dois l'admettre, je suis ici le produit de l'enseignement que j'ai reçu, lequel s'avère extrêmement occidentalo-macho-centré. Les choses bougent cependant. *Socrate à vélo* est depuis peu traduit en mandarin, ce qui lui permet de s'ouvrir à de nouvelles interprétations, à de nouvelles visions. J'en suis heureux ; tout comme je suis heureux que les cercles très traditionnellement masculins du cyclisme et de la philosophie se diversifient peu à peu, tant bien que mal.

Socrate à vélo est donc un livre plein de faiblesses, dont je n'ai donné qu'un succinct aperçu. Pour autant, en dépit de celles-ci, je ne renie pas mon texte original. Je ne cherche pas à l'amender, ni à le compléter. S'il mue aujourd'hui, c'est à partir de lui-même. De même que, dans la démarche dialectique, la thèse est contenue dans l'antithèse, l'état primaire de Socrate est présent dans son état secondaire. Suis-je le même auteur qu'il y a trois ans ? Le même coureur qu'à mes débuts ? Suis-je encore celui que j'étais enfant ? Questions hautement philosophiques. Le cyclisme m'a appris que rien n'est pour rien, que toutes nos expériences sont intégrées en nous, incorporées. De la même manière, il me semble qu'un texte réédité, même s'il n'a que peu évolué, naît renforcé de toute son histoire passée.

Et justement, je ne peux achever cette postface sans revenir sur mes objectifs initiaux, lorsque j'écrivis ce livre. Il s'agissait d'abord de réunir deux publics en apparence éloignés – les littéraires et les sportifs –, tout en démontant certains clichés attachés à ces catégories : les premiers sont des doux rêveurs déconnectés de la réalité, qui ne savent ni rire ni agir ; les seconds n'ont rien dans le cerveau. À titre personnel, j'espérais également me prémunir d'une image que l'on commençait à m'accoler un peu facilement, celle du « cycliste intello ». Je souhaitais enfin, tout simplement, m'amuser, en m'engageant dans un exercice nouveau pour moi, l'écriture d'un livre.

Ces objectifs ont-ils été atteints ? Dans l'ensemble, je dirais que oui. Ma double entreprise de vulgarisation – sportive et philosophique – était une gageure. Il ne fallait pas tomber dans la simplification à outrance, au risque de livrer un propos parfaitement plat. Il ne fallait pas non plus exclure. J'évoluais sur une corde raide, désireux d'intéresser, dans deux domaines différents, à la fois spécialistes et profanes.

Aujourd'hui, quand j'interviens lors d'une rencontre littéraire, dans une médiathèque ou ailleurs, quand je lis les messages qui me sont adressés, je découvre un public hétéroclite, où s'entremêlent lecteurs compulsifs, passionnés de cyclisme, enfants enthousiastes, professeurs d'université… Ces gens n'ont *a priori* pas de point commun. Ils ne *devraient* pas se rencontrer. Seul un livre les réunit.

J'ai pu m'entendre dire que Socrate à vélo était trop simple, trop superficiel, ou, à l'inverse, trop difficile d'accès. Qu'il y ait des retours aussi radicalement opposés me rassure : je me trouve sans doute où je le souhaitais, dans un juste milieu, au point de confluence des différents publics. Que l'on rentre dans *Le Tour de France des philosophes* par une porte, on devrait pouvoir en ressortir par une autre.

Quant au petit buzz médiatique dont je me plaignais à la suite de mon premier Tour, trois ans plus tard je constate avec satisfaction qu'il s'est estompé. Évidemment, on continue de m'interroger sur ma double activité sportive et littéraire. Mais, la plupart du temps, c'est avec tact et originalité. Si le sujet reste le même, la manière dont il est traité a changé.

J'ai aujourd'hui le sentiment d'être reconnu dans chacun de mes domaines d'activité. Depuis 2017, mon statut de coureur cycliste a évolué. J'ai terminé douzième du classement général du Tour de France 2019, et j'ai remporté plusieurs belles courses. Cela me vaut d'être désormais considéré comme l'un des meilleurs coureurs français et, à ce titre, d'être jugé, à l'instar de Socrate, non plus à partir de ma double casquette (« pour un philosophe, c'est un bon cycliste ! »), mais au regard de mes performances intrinsèques.

J'apprécie également la réciproque. Je pourrais m'entendre dire : « Pour un cycliste, c'est un honnête philosophe. » Au lieu de quoi je remarque que l'on s'intéresse de plus en plus à ma pensée pour ce qu'elle vaut, pour le propos philosophique que j'ai à affirmer. Les quelques interventions médiatiques auxquelles j'ai été invité pour accompagner mon livre furent en ce sens révélatrices. Là où auparavant on s'amusait grossièrement de l'incongruité de mon profil, on cherche à présent le détail, ce qui est caché sous le casque, le cheminement qui a conduit à ma situation actuelle ; en un mot, je n'ai plus à me plaindre des journalistes, qui adoptent, le plus souvent, une démarche originale dans leurs interviews. *Socrate à vélo* n'y est sans doute pas pour rien.

Ma position d'énonciation a donc changé. Je me sens beaucoup plus libre que je ne l'étais il y a trois ans. À l'époque, je me débattais contre ce personnage du cycliste intello, je m'en plaignais ; et voilà que je m'empressais de publier un livre traitant à la fois de vélo et de philosophie ! C'était donner le bâton pour se faire battre. En même temps, je me voyais mal aborder un autre thème que les deux domaines qui m'avaient fait connaître. Je me sentais illégitime, prisonnier du personnage qui était le mien, implicitement contraint à le faire vivre. Comment sortir de ce confortable piège ?

Autant jouer ce personnage à fond, me suis-je dit, autant aller au bout de la connexion entre cyclisme et philosophie, quitte à forcer le trait. En est sortie cette fiction fantaisiste, rocambolesque, ce *Tour de France des philosophes*, prétexte parfait pour « rentrer dans les cases » tout en faisant un pas de côté, par l'humour et le décalage. Je décidai en parallèle d'agrémenter le texte de réflexions plus personnelles, de passages autonarratifs, comme des ouvertures vers de nouveaux possibles. *Socrate à vélo*, tout en répondant aux attentes que je m'imaginais, devenait ainsi une porte de sortie, le préalable nécessaire à toute future expérience littéraire.

Aujourd'hui, je me sens capable de produire autre chose qu'un complexe philosophico-vélocipédique. Un roman, des contes pour enfants, un scénario de film, qui sait ? La scène est ouverte. Cela ne veut pas dire que je me désolidarise de mes écrits passés, ni que je m'interdis de continuer à relier sport et philosophie. Je me sens simplement libéré d'une sorte de contrat moral, qui me limitait à un genre spécifique.

Que sera la suite ? Je continuerai, plus que jamais, à me laisser porter par les opportunités, et par mes envies. Car, si cyclisme et écriture sont des aventures collectives, des espaces de rencontres, la raison première pour laquelle je m'y engage est, sobrement, que j'y ai goût. Je pédale et j'écris avant tout pour moi, parce que cela me fait plaisir. Philosophie de vie simple, candide, mais efficace.

Concernant l'avenir, une chose est sûre : le cyclisme reste ma priorité, mais l'éclectisme est pour moi une nécessité. Parmi mes futurs projets, certains ne seront d'ailleurs pas littéraires. Je suis d'ores et déjà engagé dans une entreprise de rénovation de gîtes en campagne, dans le lieu-dit ornais où j'ai grandi. Une troisième casquette, tout aussi digne et honorable que les deux premières, et que j'endosse avec le même sérieux, avec la même passion. En attendant peut-être une quatrième vocation, une cinquième (boulanger ? journaliste ?)… Je crois avoir démontré que je suis capable de mener de front plusieurs activités, sans qu'elles pâtissent l'une de l'autre.

Mais pourquoi tous ces projets, tous ces masques qui se superposent ? Pourquoi ne trouvé-je pas mon plaisir et mon accomplissement dans une seule occupation, exclusive de toutes les autres ? Je ne le nie pas, l'ayant déjà évoqué dans le livre : mes multiples affairements sont des réponses à une sorte de vide de sens, en même temps qu'un désir désillusionné d'élévation. L'ennui est mon moteur, et ma source d'inspiration. Il me permet de prendre de la hauteur. En bon grimpeur, j'aime – tel Nietzsche à Sils-Maria – me retrouver « six mille pieds au-dessus de la mer, et bien plus au-dessus des hommes ». Ce n'est peut-être pas un hasard si j'ai commencé à écrire cette postface dans un avion survolant l'océan Atlantique, en pleine nuit, au retour d'une course en Argentine, et plus encore si je la termine alors que je suis en stage en altitude au sommet de l'Etna, au *Rifugio Sapienza*.

Ce lieu symbolique avait été dans le livre le théâtre d'une scène épique – hommage à Empédocle – où Socrate disparaissait mystérieusement, se perdait dans les hauteurs brumeuses du volcan sicilien. J'avais imaginé ce passage à la suite d'un camp d'entraînement au *Rifugio*, bien réel celui-là, où je cherchais l'exposition à un air hypoxique, afin d'habituer mon organisme à lutter en milieu hostile. Ce faisant, les semaines de stage ayant leurs moments de creux, je m'exposai également à des rêveries littéraires, rapidement transformées en histoires manuscrites. À peine un an plus tard, je remportai la dernière étape du Tour de Sicile, dont l'arrivée était jugée devant ce même hôtel. Fiction et réalité se rejoignent parfois, déconstruisant nos frontières connues, interrogeant nos idées établies. Tout à la fois lieu de labeur, de désœuvrement, d'excitation, de contemplation, de méditation, de douleur puis de célébration, vous comprendrez que l'Etna exemplifie assez bien mon rapport au cyclisme, à l'écriture et, plus largement, ma manière d'aborder le cours du monde, ce flot mouvant que j'accompagne par jeu, mais avec sérieux, dans lequel je me baigne, en même temps que j'essaie de le surplomber. Mon ambition, au travers de ce regard porté sur *Socrate à vélo*, quelques années plus tard, allait en ce sens : j'ai souhaité me décaler et regarder d'un œil nouveau ce que je suis, ce que j'étais, ce que j'ai produit, ce qui m'entoure ; je voulais, surtout, me divertir, tout en livrant un point d'étape, une photographie d'un moment de vie.

Et Socrate, était-ce pour prendre ses distances avec le monde qu'il s'engagea, il y a deux mille cinq cents ans, dans l'aventure de la philosophie ? Ou bien était-ce pour mieux l'intégrer ? S'il n'écrivit pas, tout en dialoguant beaucoup, s'il ouvrit des pistes qu'il ne referma jamais, était-ce par ennui, ou bien par jeu ? Et, plus récemment, quand il s'échappa vers le sommet de l'Etna, ou s'enfuit sur le lac d'Embrun, déboussolant ses proches, cherchait-il à faire passer un message, ou cédait-il aux exigences de celui qu'il appelait « son démon » ? Socrate a fait un sacré tour. Puisse-t-il en jouer de nombreux autres.

25 février 2020, Rifugio Sapienza, Etna.

Remerciements

L'écriture d'un livre est une longue course à étapes. Merci à ceux qui, sans compter leurs coups de pédale, m'ont accompagné sur la route : Philippe B., Christophe, Pierre M., Philippe R., Émilie, Marie, Daniel.

Ainsi qu'à ceux qui, d'une manière ou d'une autre, m'ont permis de ne pas avoir à choisir entre « la tête et les jambes » : Bruno, Pierre C., Clément, J.-F. Balaudé, mes équipes passées et mon équipe actuelle, la formation Cofidis.

Table des matières

Dans la même collection

30 histoires insolites qui ont fait la médecine, Jean-Noël Fabiani
À la folie, Clémentine Célarié
Affaires de famille, Agnès Naudin
Aliénor, l'insoumise, Isaure de Saint Pierre
Augustin, Alexandre Duyck
Avec vue sur la mer, Didier Decoin
Aya, Marie-Virginie Dru
Blanquette, Laure Buisson
Bon à rien, Natalie David-Weill
Cabale pyramidion, Samuel Delage
Ces nazis qui ont échappé à la corde, Jean-Paul Picaper
Code Salamandre, Samuel Delage
Dans la tête de Donald Trump, Anne Toulouse
Dans son cœur sommeille la vengeance, Sonia Mabrouk
Déjeuner en paix, Charlotte Gabris
Deux femmes dans la tourmente, Teresa Messineo
Donne-moi des fils ou je meurs, Maud Jan-Ailleret
Envole-moi, Sarah Barukh
Et puis au pire on s'aimera, Thierry Cohen
Et vous, vous y croyez ?, Hubert Prolongeau
Gump & Cie, Winston Groom
Harry et Franz, Alexandre Najjar
Histoires extraordinaires de la Résistance française 1940-1945, Dominique Lormier
Histoires extraordinaires de la Seconde Guerre mondiale, Dominique Lormier
Impasse Verlaine, Dalie Farah
J'ai décidé de vivre, David Milliat, Christophe Henning
Je suis né à 17 ans…, Thierry Beccaro
Je suis née à Bergen-Belsen, Yvonne Salamon avec Frédérique Agnès

Dans la même collection

Johnny, le guerrier, Gilles Lhote
Juliette de Saint-Tropez, Valentin Spitz
KGB-DGSE. Deux espions face à face, Sergueï Jirnov et François Waroux
L'Arbre des oublis, Corine Valade
L'écriture du monde, François Taillandier
L'été de tous les bonheurs, Felicity Hayes-McCoy
L'homme qui fuyait le Nobel, Patrick Tudoret
L'odeur de l'herbe après la pluie, Patrick Jacquemin
La croix et le croissant, François Taillandier
La Fille du delta, Frédérick d'Onaglia
La mangeuse de guêpes, Anita Nair
La petite bibliothèque du bonheur, Felicity Hayes-McCoy
La petite fille du phare, Christophe Ferré
La sœur du Roi, Alexandra de Broca
La Vengeance du loup, Patrick Poivre d'Arvor
La vie sauvage des femmes, Bénédicte Brézillon
Lâcher prise, Benoît Aymonier
Le Club très privé des nageuses à marée haute, Katie May
Le Faux Pas, Frédérick d'Onaglia
Le goût de nos mères, Eva Bettan
Le Pacte interdit, Henri Bellotto
Le Parrain et le Rabbin, Sam Bernett
Le Pays d'où l'on ne revient jamais, Julien Thèves
Le petit café du bonheur, Felicity Hayes-McCoy
Le petit jardin du bonheur, Felicity Hayes-McCoy
Le peuple des abattoirs, Olivia Mokiejewski
Le premier qui tombera, Salomé Berlemont-Gilles
Le Soleil rouge du tsar, Violette Cabesos
Le Squale, Francine Kreiss
Le Tableau, Laurence Venturi

Dans la même collection

Les 100000 collabos, Dominique Lormier
Les chats, comment ils prennent soin de notre santé !, Anne-Claire Gagnon
Les crimes nazis lors de la Libération de la France (1944-1945), Dominique Lormier
Les Déviantes, Capucine Delattre
Les Grandes Affaires de la Libération, Dominique Lormier
*Les infirmières de Notre-Dame, * Flavie*, Marylène Pion
*Les infirmières de Notre-Dame, ** Simone*, Marylène Pion
*Les infirmières de Notre-Dame, *** Évelina*, Marylène Pion
*Les infirmières de Notre-Dame, **** Les* Nursing Sisters, Marylène Pion
Les jeunes femmes de 50 ans, Mylène Desclaux
Les femmes du Général, Gérard Bardy
Les sandales blanches, Malika Bellaribi
Les Semeurs de bonheur, Cécile Pardi
Madame S, Sylvie Lausberg
Mademoiselle dite Coco, Madeleine Mansiet-Berthaud
Mai-juin 1940 : les causes de la défaite, Dominique Lormier
Merci maîtresse !, Anouk F.
Mes Jardins de Paris, Alain Baraton
Molière, chef de troupe, Francis Perrin
Mon cœur restera de glace, Éric Cherrière
Mon étrange sœur, Marie Le Gall
Mortelle tentation, Christophe Ferré
N'abandonnez jamais, ne renoncez à rien, Francis Huster
Nos baisers sous la neige, Karen Swan
Nos vies insoupçonnées, Anaïs Jeanneret
Nouvelles histoires extraordinaires de la Résistance, Dominique Lormier
On n'efface pas les souvenirs, Sophie Renouard
On s'aimera, Clémentine Célarié

Dans la même collection

Pourquoi je t'aime, Francis Huster
Poutine, Frédéric Pons
Quand Maman plantait des brosses à dents, Christelle Bardet
Quelle histoire !, Michèle Cotta
Requiem pour un chat, Olivier Bellamy
Rien n'est écrit, Sandrine Catalan-Massé
*Rumeurs d'un village, * La sentence de l'Allemand*, Marylène Pion
*Rumeurs d'un village, ** L'heure des choix*, Marylène Pion
Sortie(s) de secours, Caroline Langlade
Sous le manteau du silence, Claire Bergeron
Tyrannie, Richard Malka
Un écrivain, Laure Arcelin
Une aventure monumentale, Olivier Dutaillis
Vengeance à temps partiel (série *Sisterhood*), Fern Michaels
Vigneronne, Laure Gasparotto
Zoo Station, David Downing

Imprimé en France par CPI
en mai 2022
N° d'impression : 2065526
Dépôt légal : août 2022
ISBN : 978-2-3791-3119-6

www.monpoche.fr